KB273620

우리의
목소리를
공부하라

우리의 목소리를 공부하라

세상을 바꾸고 있는 청소년들

ⓒ 청소년 기후행동 외, 2020

2020년 7월 31일 처음 펴냄
2022년 8월 12일 초판 3쇄 찍음

글쓴이 | 하지현, 최유경, 청소년 기후행동, 조민, 이호, 이미르,
            이규현, 김지유, 김지우, 김은결, 김윤송, 김수현
기획 · 편집 | 이진주, 서경, 설원민, 공현
출판자문위원 | 이상대, 박진환
디자인 | 이수정
제작 | 세종 PNP

펴낸이 | 김기언
펴낸곳 | 교육공동체 벗
이사장 | 최은숙
사무국 | 최승훈, 이진주, 설원민, 서경, 공현
출판등록 | 제2011-000022호(2011년 1월 14일)
주소 | (03971) 서울시 마포구 성미산로1길 30 2층
전화 | 02-332-0712
전송 | 0505-115-0712
홈페이지 | commune but.com
카페 | cafe.daum.net/communebut

ISBN 978-89-6880-139-6 03300

세상을 바꾸고 있는 청소년들

하지현 │ 최유경 │ 청소년 기후행동 │ 조민 │ 이호 │ 이미르
이규헌 │ 김지유 │ 김지우 │ 김은결 │ 김윤송 │ 김수현

교육공동체벗

· 차례 ·

3부 아픔에 공명하는 우리가 되기를

세상을 바꾸고 있는
청소년들

2018년 10월 19일, 이란 출신 중학생 김민혁이 난민 지위를 인정받았다. 2019년 12월 27일, 18세로 선거권 연령이 하향되었다. 2020년 6월 20일에는 서울시교육청이 탄소 배출을 줄이기 위한 학교 운영의 변화, 급식의 채식 선택권 등을 포함한 교육의 생태적 전환을 위한 계획을 발표했다. 세상이 느리지만 조금씩 변하고 있는 걸 느낄 수 있는 순간들이었다. 그 배경에는 청소년들의 행동이 있었다. 아주중학교 학생들은 친구가 공정한 난민 심사를 받게 해 달라며 시위를 벌였고, 청소년인권운동 활동가들은 국회 앞에서 농성을 하는 등 청소년 참정권의 의미와 필요성을 알렸다. 청소년 기후행동은 〈기후를 위한 결석 시위〉를 열고 정부와 교육청에 기후 위기 대응을 촉구했다.

그 밖에도 스쿨 미투, 세월호 참사 진상 규명, 밀양 송전탑 투쟁, 제주 제2공항 반대 등 중요한 장면마다 청소년들은 함께 자리를 지켰다. 때로는 절박함에 목소리를 높이며 자신을 드러내기도 했고, 때로는 묵묵히 곁을 지키는 한 사람의 연대자로 함께하기도 했다. 그런 열두 명(팀)의 이야기를 엮었다.

　1부 '우리의 다름이 차별받지 않을 때까지'의 키워드는 '인권'이다. 소수자로서 혹은 소수자와 연대하기 위해 목소리를 높인 사람들의 이야기를 모았다. 청소년 페미니스트 네트워크 위티 활동가 최유경은 스쿨 미투를 계기로 학교에서 외롭게 페미니즘을 말하던 여학생들이 연결되어 여성 청소년에게 필요한 권리의 언어를 만들어 온 이야기를 썼다. 정상성의 기준을 벗어난 서로를 바라보며 '기 센 여자애'인 자신을 덜 미워하게 되었다는 말에 '함께함'의 의미를 다시 생각하게 된다. 김지우는 '왜 텔레비전에는 장애인이 잘 나오지 않을까?'라는 의문을 품고 살았다. 장애인도 이 사회를 함께 살아가는 구성원임을 세상에 보여 주고 싶었던 그는 자신의 브이로그를 유튜브에 공개한다. 그의 평범한 일상은 장애와 장애인에 대한 우리 사회의 잘못된 인식과 문제점을 성찰하게 한다. 이호는 학교에서 커밍아웃하고 성소수자인권 동아리를 만들며 겪게 된 삶의 소용돌이를 담담히 풀어낸다. 정작 자신은 학교를 떠나게 되었음에도 변화가 있어 보람을 느낀다는 말에, 고립된 사람들의 울타리를 만들고 싶었던 그의 진심이 느껴진다. 김지

유의 글은 이란 난민인 옆 반 친구의 난민 인정을 위해 학교 선생님, 학생들과 함께 거리로 나섰던 날들의 기록이다. 그들은 친구의 문제를 해결하는 것을 넘어 난민에게 적대적인 사회 분위기에 맞섰다.

2부 '내일이 아닌 오늘을 살기 위해'의 키워드는 '현재'다. 촛불청소년인권법제정연대 활동가 김윤송과 노동당 청소년 당원 조민은 청소년을 '예비 시민'으로 보는 사회 제도와 구조에 도전했다. 선거권 연령 하향을 위한 국회 앞 삭발 농성을 했던 김윤송은 청소년을 정치로부터 격리하는 것이 아니라 이들의 목소리가 정치의 장에서 대변될 수 있도록 하는 것이 어른들과 국가의 책임이라고 말한다. 조민은 〈공직선거법〉에 대한 불복종 투쟁으로, 노동당의 청소년 후보로서 선거에 출마했다. 청소년의 권익을 대변하는 청소년 정치인이 필요함을 보여주는 퍼포먼스였다. 하지현은 '학생인권'이라는 언어를 만나고 경남학생인권조례를 제정하기 위한 운동에 뛰어들었다. 오직 대학 입시만을 바라보게 하는 고등학교 생활을 겪던 그에게 학생인권조례는 현재의 행복과 존엄도 중요하다는 선언이었다. 청소년 기후행동은 '미래 세대'의 의미를 전복한다. 장래를 위해 공부하라고 하면서 정작 청소년들의 미래를 위협하는 기후 문제에는 눈을 감고 있다며 기성세대에 문제를 제기하는 것이다. 그들은 거리로 나서서 기후 위기 대책과 사회 시스템의 변화를 정부와 사회에 요구한다.

3부 '아픔에 공명하는 우리가 되기를'은 '연대'와 '공존'을 주제로 엮었다. 김은결은 길고양이와 유기견을 돌보며 쉽게 버려지고 학대당하는 동물들의 현실에 문제의식을 느낀다. 자연스레 동물권에 관심을 갖게 되었고 공장식 축산의 문제까지 고민을 확장하며 인간과 동물의 공존을 꿈꾼다. 그런 세상이 당장은 멀게 느껴지지만, 친구들과 함께 공부하고 유기 동물 쉼터에서 봉사하며 당장 할 수 있는 일을 하고 있다. 김수현, 이미르, 이규헌은 구조적 모순으로 비롯된 약자들의 투쟁 현장에 가늘고 질기게 연대했다. 김수현은 6년간 한 명의 연대자로서 세월호 참사 유가족과 생존자의 곁에 섰다. '마이크 없이 제 목소리와 속도로 발언하며, 제 삶에서 제 권리를 행사하며 함께하겠'고 말한다. 이미르는 송전탑이 세워진 후에도 매년 밀양을 찾아 주민들의 농사를 도왔다. 밀양 싸움은 어린 시절 그의 가족과 이웃들이 간절한 마음으로 나섰던 성미산 지키기 싸움을 떠올리게 했고 연대의 의미를 깨닫게 했다. 그리고 송전탑의 높이만큼 갈등의 골이 깊어진 밀양의 마을공동체가 복원되길 소망한다. 이규헌은 제주에서 살며 제2공항을 반대하는 이유를 찾기 위해 떠났던 무전여행을 만화와 글로 풀어냈다. 그는 마을 주민들과 함께 일하고 잠을 자고 직접 이야기를 들으며 제2공항이 세워지지 않아야 할 자신만의 이유를 찾게 되고, '이유라는 것은 그저 날 움직이는 힘이고 그건 거대하지 않아도 된다'고 결론 내린다.

"우리의 목소리를 공부하라"는 2018년 선거권 연령 하향을 위한 청소년 농성장에서 사용한 구호 중 하나다. 늘 배우는 위치에 놓이던 청소년들이 거꾸로 어른들에게 자신들의 이야기를 새겨들으라고 요구하는 전복적인 의미가 담겨 있다. 이 책에 참여한 열두 명(팀)의 청소년 저자들의 한 가지 공통점은 나중이 아니라 '바로 지금 내가 선 자리에서 할 수 있는 일'을 하기로 결정했다는 것이다.

이들은 나이에 비해 '기특한', '특별한' 사람으로 보이는 것을 경계한다. '우리도 성숙하다'라고 말하기보다는 성숙하지 않아도 누려야 하는 것이 있다고 말한다. 경험이 적어 서투르고, 정교한 논리를 갖추지 못할 때도 있지만 그것이 동등한 시민으로서의 권리를 누리지 못할 이유는 되지 못한다는 것이다. 이들에게는 당장의 경제적 이익보다 미래의 전 지구적 위기를 생각하는 정직함과 손해를 보거나 위험해지더라도 타인을 도울 수 있는 용기가 있다. 그리고 어린 시절을 기억하기에(또는 겪고 있기에) 어린 사람들을 존중할 수 있다. 이들의 이야기를 읽다 보면 당신의 어린 시절의 목소리, 그리고 다른 청소년들의 목소리에도 더 귀 기울이고 싶어질 것이라 믿는다.

2020년 7월

편집부

우리의 다름이
차별받지 않을 때까지

우리의 말하기가
세상을
바꾸도록

학교에 필요한 페미니즘을 말하다

최유경 dbrud_06@naver.com

대안학교를 졸업하고 청소년 페미니스트 네트워크 위티라
는 작은 단체에서 일하며 청소년으로서, 여성으로서 좀처
럼 찾을 수 없었던 내 언어들을 찾아 가며 살고 있습니다.
당연하다고 여겼던 것들에 물음을 던지는 시간들입니다.
끊임없이 말하는 일들이 가끔은 지치더라도, 이 말하기가
끝내 우리의 세상을 변화시킬 것을 믿습니다.

#스쿨 미투, 변화를 만들다

서지현 검사의 검찰 내 성폭력 고발을 통해 촉발된 한국의 미투 운동은, 연령과 위치를 불문하고 사회 각계각층에서 빈번히 발생하는 성폭력과 그것들이 권력 구조 내에서 묵인되어 왔던 시간을 고발했다. 그리고 그 연대와 말하기는 개인의 발화를 넘어 한국 사회에 많은 변화를 몰고 온 주요한 페미니즘운동이 되었다. 미투 운동은 우리나라에서 가장 폐쇄적이고 폭력적인 공간 중 하나라고 할 법한 학교도 비켜 가지 않았다. 서울 용화여고 창문에 #미투, #위드유 포스트잇이 붙어 있던 모습은 스쿨 미투에 관심이 없는 사람도 한 번쯤 봤음 직한 유명한 사진일 것이다.

학생들이 교사의 성폭력과 학교의 폭력적인 문화를 공론화한 스쿨 미투 운동은 2018년, 용화여고의 포스트잇을 도화선으로 시작해 전국의 학교로 퍼져 나갔다. 가해 교사가 생활기록부나 추천서 등 학생의 진로를 좌지우지할 수 있는 권력을 가지고 있는 여건에서, 대부분의 고발이 트위터를 비롯한 SNS를 통해 익명으로 이루어졌다. 수백 개의 공론화 계정들이 만들어졌고, "여자는 비너스처럼 쭉쭉빵빵해야 한다", "내 무릎에 앉으면 수행 평가 만점을 주겠다" 등 학생을 향한 교사의 폭력적인 언행들이 연일 기사의 헤드라인을 장식했다. 대

서울 퀴어문화축제에서 찍은 사진

중은 그 뉴스에 경악했다. 짐작건대 불쌍한 우리 아이들이 악마 같은 교사들에 의해 고통받았다는 사건의 틀거리가 사람들을 더욱 분노하게 했으리라.

하지만 스쿨 미투의 고발자들은 단순히 '불쌍한 아이들'로 남는 것이 아닌, '거리로 나선 운동가'로서 용기 있는 목소리를 이어 갔다. 청소년 페미니즘 모임(청페모)은 이들과 함께 최초의 전국 단위 스쿨 미투 집회인 〈여학생을 위한 학교는 없다〉를 시작했고, 이 집회는 폭력과 혐오로 점철된 학교를 바꾸고자 하는 청소년들의 참여 덕에 인천, 충북, 대구, 다시 서울까지 성공적으로 이어졌다. 여성 청소년들이 보호받아야 할 대상만이 아닌, 직접 이 사회에 변화를 일으킬 수 있는 주체라는 점을 보여 주는 의미 있는 움직임이었다.

내가 스쿨 미투를 만나기까지

나는 서울에서의 마지막 집회를 함께 준비하며 스쿨 미투 운동을 처음 접했다. 학교에서의 마지막 1년을 보내고 있던 중이었다. 내가 다녔던 학교는 중·고등 통합 과정의 기숙사 대안학교이고, 나는 그곳에서 꼬박 6년을 살았다. 졸업한 후, 그러니까 지금은 청페모의 후신인 청소년 페미니스트 네트워크 위티의 상근 활동가로 일하고 있다.

나는 활동을 시작하기 전에는, 스쿨 미투 운동이 상당히 진행되던 때에도, 스쿨 미투에 관심도 없었고 별다른 생각도 딱히 없었다. 고백

하자면 스쿨 미투라는 단어 자체도 들어 본 적이 없었다. 그 이유 중 하나는 내가 산골짜기의 기숙사 학교 생활을 하며 이른바 '바깥세상' 의 정보를 알기 어려웠다는 점이고, 둘은 기존의 스쿨 미투 고발이 대부분 제도권 학교에서 일어났다는 점이다. 대안학교의 스쿨 미투 고발은 아주 적거나 제도권 학교의 스쿨 미투와는 맥락과 상황이 다르기에, 화두가 되고 있던 스쿨 미투의 사례들은 나에게 그리 와닿지 않았다.

하지만 그렇다고 누군가 내게 학교에서 안전하고, 평화롭고, 행복하게 교육받았느냐고 묻는다면 나는 단번에 아니라고 대답할 수 있었다. 대안학교에 재학하며 대안학교를 유토피아처럼 상상하는 분들을 제법 만났다. 그도 그럴 것이 대안학교는 (말 그대로) '대안'인 학교다. 입시 경쟁에 파묻힌 공교육을 벗어나, 새로운 형태와 방식의 대안 교육을 만들겠다는 취지로 세워진 곳이라는 뜻이다. 게다가 공동체, 사랑, 가족 등은 내가 졸업한 학교를 비롯한 대안학교들 대부분이 표방하고 있는 가치인데, 이 아름다운 말들이 겉으로 보기엔 나쁠 이유가 없어 보이기도 한다.

여학생을 위한 학교는 없다

하지만 대안학교 역시 사회 내부에 있고, 이 사회는 아직 페미니즘을 '대안'이라고 여기지 않는다. 학교에서 여학생으로 사는 일은 매일

같이, 한 뼘씩 더 고되어졌다. 페미니즘을 배우고, 어떻게든 학교를 바꾸어 보려고 안간힘을 쓰던 시기엔 곱절로는 더 힘들어졌다. 학교에 오랫동안 재직한 남교사들은 수업 시간에 툭하면 소수자 혐오를 기반으로 한 욕설을 사용했다. 한번은 용기를 내 욕설을 하지 말라고 말했더니, 그 교사는 나에게 그렇게 온갖 게 불편하면 혼자 섬에 들어가 살라고 소리 질렀다. 그 교사는 무예 수업을 하는 건장한 체격의 남성이었고, 나는 위협을 느껴 너무 놀라 거의 도망치듯 그 자리에서 벗어났다. 소리까지 지르진 않아도 그렇게 말하는 내게 따가운 눈총을 보내면 보냈지 잘못을 인정하고 사과를 하는 교사는 정말이지 아무도 없었다.

언젠가 한 교사는 수업을 하다가 갑자기 페미니즘 이야기를 꺼냈다. "그거 내 마누라, 엄마, 여동생한테 좋은 거 아니냐. 나도 지지한다. 하지만 요즘 페미니즘은 변질되었다. 너무 폭력적이다." 페미니즘이 변질되었다고 말하는 사람들이 있다는 건 알았지만 그걸 내가 다니는 학교의 교사에게, 그것도 교사의 영향력이 가장 강하게 작용하는 수업 시간에 들어야 한다는 사실이 황당했다. 그는 평소에도 자신과 친밀한 여학생들에게 '쌍년들'이라고 불러 문제가 되었던 사람이다. 경력과 지위가 있는 남교사인 그의 언행에 모두가 불편함을 느꼈지만, 누구도 문제를 제기하고 싶어 하지는 않았다.

이뿐일까. 학교의 익명 게시판에는 '교내 퀴어 동아리를 싫어하는 건 아니지만 몰려다니는 게 보기 싫다'는 글이 올라오고, 같은 학급의 남학생들은 미투를 농담거리로 사용했다. 어떤 남교사는 여성 전용 게스트하우스가 '역차별'이라며 SNS에서 설전을 벌였고, 남자 기숙사의 세탁기 뒤에서는 내 친구의 속옷이 발견되었다. 술에 취한 남학생이 한밤중 내가 살던 기숙사 방에 들어오기도 했고, 남자 기숙사에서는 여자 기숙사에 뛰어 들어와 복도 끝을 찍고 나가는 장난이 유행했다. 내가 다니던 학교는 이런 세상이었다. 여성 혐오가 문화처럼 존재하고, 남자 기숙사는 남성 연대가 생성되고 유지되는 수단에 가까웠고, 그 안에서 결코 여학생들은 안전할 수 없는. 그리고 이렇게 열거하자면 끝이 없는 게 6년 동안의 내 대안학교 생활이다.

대안학교의 가치들은 그럴듯하고 아름답지만, 그렇다고 우리 학교에서의 '사랑'이 어떤 환경과 맥락에서도 절대적으로 좋은 것이었을까? 그러기엔 우리는 '사랑'이라는 이름하에 폭력과 차별이 묵인되는, 때로는 용인되기까지 하는 장면들을 얼마나 무수히 지나쳐 왔는가. '가족'과 '공동체'는 쉽게, 아름다운 말로서만 지향할 수 있는 가치가 아니다. 이는 동등한 관계의, 내가 주체가 되어 선택한 사람들과 함께 만들 수 있어야 한다. 교사와 학생, 남성과 비남성, 비청소년과 청소년이라는 월등히 차이 나는 권력관계 자체를 유지하면서, 그러한 가치들을 표방하고자 하면 그건 '대안'이 아니라 대안처럼 보이는 '폭력'이 될 수밖에 없다. 혹은 소수자를 배제하는 대안이던가.

그리고 나는 6년 동안 끊임없이 그런 학교를 욕했다. 친구에게, 동료에게, 부모에게……. 하루하루 멈추지 않고 이어지는 그 부조리한 일들에 대해 나는 그저 말하고 화내는 수밖에 없었다. 학교의 시스템은 너무나 견고했고, 나 혼자 나서서 바뀔 것도 아니었다. 그리고 무엇보다, 나는 더 이상 나서는 사람이 되고 싶지 않았다. 학교에서 나는 이미 '기가 센 여자애'였다. 자기주장이 강하고, 승부욕이 높고, 목소리가 크다는 이유에서였다. 하지만 동기 중 나와 비슷한 성향의 남학생들은 줄곧 '학생회장감'이라며 주위에서 인정받고는 했다. 내게는 부끄러움이었던 성격이 남학생들에게는 권력이 되는 광경을 지켜보며, 나는 그게 차별임을 알면서도 '조신하지 않은' 나에게 지칠 대로 지쳤다. 여전히 아침이 되면 얼굴을 보아야 하는 사람들에게 '굳이' 문제를 제기하고 싶어 하는 사람은 없었고, 나는 그렇게 나 혼자 삭히고 견디는 방식으로 학교생활을 이어 나갔다.

학교를 바꾸는 페미들

이러한 경험들이 스쿨 미투와 무관하지 않다는 걸 깨닫게 된 건 아이러니하게도 스쿨 미투 집회가 끝난 이후였다. 집회 이후 나는 바로 〈학교를 바꾸는 페미들 : 청소년 페미니즘 모임 1기 운영위원회〉라는, 청소년들과 함께 세미나와 놀이 모임 등을 진행하는 프로젝트를 시작했다. 9명 정도의 청소년과 비청소년들이 매주 모여 청소년 페미니즘에 대한 발제문을 읽고 이야기를 나누고, 소풍도 다니는 일이었다. 하지만 초반의 목표와 달리, 이 자리에서 우리가 가장 많이 했던 이야기는 사실 '자신의 학교가 얼마나 싫은지'에 대해서였다.

오리엔테이션 날, 그러니까 우리가 처음으로 만나는 날엔 '학교가기 싫은 이유'를 포스트잇에 적고 그 내용들을 함께 나누는 일을 했다. 그들은 잠시 고민하는가 싶더니, 거침없이 여러 개를 써냈다. 그렇게 하나하나 써낸 포스트잇이 벽에 빼곡히 붙었다. 같은 반 남학생들의 외모 품평, 내 몸이 아닌 여성성에 맞춰진 교복, 페미니스트임을 밝히기 두려운 교실까지. 꼭 자신이 쓰지 않았더라도 사람들은 서로의 포스트잇에 격한 공감을 표하며 깔깔 웃었고, 또 금세 진지해지기도 했다. 각자 다른 지역에서, 다른 환경에서, 다른 학교를 다닌 우리의 경험은 놀랍게도 거의 흡사했다. 그 시간 속에서 나는 학교라는 공간 자체가 얼마나 불평등한지, 그곳의 여성 혐오는 또 얼마나 뿌리 깊은지, 그런 곳에서 사는 우리의 경험은 어떻게 이어져 있는지 생각했다.

스쿨 미투가 단순한 고발에 멈추지 않고 운동이 된 것은, 그 폭력과 불평등이 세대와 무관하게 공감할 수 있는 문제였기 때문이다. 그것은 이 문제가 아주 오랜 시간 묵인되고, 때로는 용인되며 이어져 왔다는 것을 의미했다. 나는 스쿨 미투가 뿌리 깊은 문화와 구조의 산물이라는 사실을 그때에서야 실감했다. 그리고 그제야 외롭지 않을 수 있었다. 학교는 너무 폐쇄적이었고, 그런 곳에서 다들 아무렇지 않다고 느끼는데 혼자서 온갖 일에 불편해하고 화를 낸다는 건 고립감을 넘어 너무나 외로운 일이었다. 어쩌면 나는 덜 외롭고 싶어서 학교에서의 말하기를 그만두었는지도 모른다. 그리고 청소년 페미니스트인 내가 비로소 외롭지 않았던 그 순간을, 나는 '연대'라고 부르고 싶다.

우리의 말하기가 계속되도록

조금은 시간이 흘렀지만, 여전히 내가 활동가로 일하고 있는 것은 그 '연대'의 기억 때문이다. 그리고 내가 소속되어 있는 위티 역시 청소년 페미니스트들이 만나고, 그러한 연대의 순간들을 잇고, 여성운동의 '미래'가 아닌 지금 현재에 살아가고 있는 주체로서 청소년 페미니즘 담론을 형성하기 위해 창립되었다.

우리는 당사자로 머무르는 것을 넘어, 변화를 만드는 한 사람이 되고자 한다. 청소년 페미니스트들의 말하기가 이어지기 위해, 우리에게는 새로운 기반이 필요하다. 나이를 이유로 차별과 배제를 경험하지 않을 수 있는 기반이 필요하다. 우리의 목소리가 이어지고 확장되도록 지속가능한 활동의 기반이 필요하다. 고립되어 있던 청소년 페미니스트들이 서로의 동료가 되고, 세상을 바꾸는 기획을 실천할 수 있는 기반이 필요하다.

– 〈청소년 페미니스트 네트워크 위티 창립 선언문〉 중에서

위티는 2019년 6월, 스쿨 미투를 계기로 창립한 청소년 페미니스트들의 단체다. 스쿨 미투 운동은 많은 성과를 남겼지만, 동시에 학교 내의 뿌리 깊은 폭력에 대한 사회의 미비한 대처를 적나라하게 드러내기도 했다. 공간의 폐쇄성을 고려해 대부분의 고발이 익명으로 이루어졌고, 이러한 과정 속에서 청소년 고발자들은 분절되고, 또 고립

2018년 11월, 〈여학생을 위한 학교는 없다〉 집회에서 참여자들이 행진하는 모습

되어 각자의 피해와 공간 속에서 분투해야 했다.

하지만 정부와 교육청, 학교 등은 여성 청소년의 목소리를 듣고 변화를 만드는 것이 아니라, 오히려 고발자들의 목소리를 축소하고 묵살하는 데에 바빴다. 고발자들이 요구했던 예비 교원에 대한 페미니즘 교육 의무화는 성폭력 예방 교육으로, 전국 학교에 대한 전수 조사는 일부의 학교만을 대상으로 하는 표본 조사로 축소되었다. 더불어 2019년에는 교원단체총연합회가 '미투 운동이 사회적 쟁점이 되면서 교육 현장을 포함한 사회 전반에 '펜스룰'이 퍼져 교원의 정당한 교육적 지도가 방해받고 있다'고 주장하기도 했다. 5년 전 교육부가 발표한 (전국 학교에 배포되는) 성교육 표준안은 "여자는 무드에 약하고 남자는 누드에 약하다", "이성 친구와는 단둘이 방에 있으면 안 된다"는 시대착오적인 내용으로 문제가 되었으나 여전히 폐기되지 않고 있다.

위티는 이러한 싸움 속에서 청소년 페미니스트들이 만나서 동료가 되어, 스쿨 미투가 개인의 고발로만 남지 않고 새로운 운동으로 전개될 수 있도록 하는 시작점이다. 그리고 나는 위티에서 나와 같은 혹은 비슷한 경험을 했을, 하고 있는 여성 청소년들을 정말 많이도 만났다. 그리고 위티를 찾아오는 사람들 역시 대부분 각자의 자리에서 싸우던 중 외로움에 지쳐 있거나, 당연하게 흘러가는 일상 속에 도드라지는 자신의 '비정상성'에 의문을 품은 상태였다.

이제 와 생각해 보면 단체에서 다른 사람들을 만나고, 또 그들과 동료가 되는 과정을 거치면서 나는 나 자신을 조금 덜 미워할 수 있었던 것 같다. 기가 센 나를, 목소리가 큰 나를, 당연한 일에 의문을 품는 나를. 우리는 '여자애'답지 않은 우리를 존중하고, 당연한 일을 어렵게 생각하고 고민하며 '정상성'과 '기준'이 무효한 공간을 만들어 가고자 노력한다.

나는 섹스하는 청소년입니다

하지만 정상성을 전복하고 해체하는 과정들이 언제나 순탄한 것만은 아니다. 2019년 10월 26일, 위티는 청소년 페미니즘 담론을 확장하고자 릴레이 강연 〈나는 섹스하는 청소년입니다〉를 진행했다. 배움의 연속성을 상실한 성교육에 문제를 제기하며, 그간 '포르노'나 '음란함'으로만 소비되어 온 성 담론을 비판하고, 삶과 관계 맺으며 연속적으로 변모하는 성교육을 만들어 가고자 기획한 강연이었다.

하지만 강연 포스터를 SNS에 올린 뒤, 우리는 생각보다도 거센 후폭풍을 겪었다. 각종 기독교 보수 단체들에서 포스터에 기입된 대표자의 번호로 쉴 없이 항의와 욕설이 담긴 문자를 보내거나 전화를 걸어 괴롭혔고, 심지어 그들은 공동 주최 단위로 기재되었던 페미니즘 동아리들의 소속 학교에까지 전화를 걸어 항의했다. 감히 학생들에게 섹스를 조장하고 동성애 교육을 자행한다는 게 항의의 이유였다.

그렇게 공동 주최 단위에 이름을 올렸던 각 학교의 페미니즘 동아

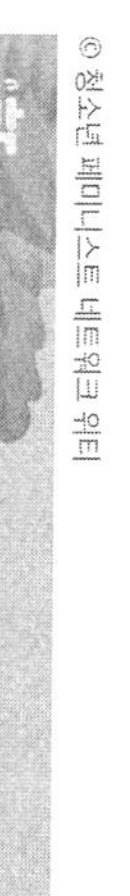

청소년 페미니즘 릴레이 강연 〈나는 섹스하는 청소년입니다〉 포스터

리들은 학교의 탄압을 감당해야 했다. 활동 사실을 숨겨 오던 한 활동가가 부모에게 들켜 활동을 중단하는 일까지 벌어졌다. 정말이지 막막한 세상이었다. 그들은 청소년은 섹스할 권리가 아니라 보호받을 권리가 있다고, 자신의 아이들을 괴롭히지 말라고, 학생의 본분은 섹스가 아니라 공부라고 했다. 사실 이런 말들에 그리 마음이 쓰이지는 않았다. 대답하거나 해명할 가치도 없다고 생각했기 때문이다. 내가 속상했던 건 페미니즘 활동을 오랫동안 숨겨 왔던 학생 및 청소년 활동가들이 이번 일로 인해 부모나 교사로부터 활동을 가로막히거나, 학교에서 징계위원회에 회부된 일이었다.

실제로 단체에 오가는 많은 청소년이 부모 몰래 활동을 하고, 대부분의 학교에는 여전히 학교장의 허락 없이는 외부 단체의 활동과 집회 참여를 금지하는 교칙이 존재한다. 내 부모는 활동을 크게 반대하지 않았지만, 사건을 겪으며 만약 우리 학교의 이름이 포스터에 들어갔으면 어땠을까 상상하고는 했다.

내가 고등학교 2학년 때, 학교 내부에 콘돔 비치를 시도한 적이 있었다. 내가 만들던 학교 소식지에 프로젝트 기사로 담을 목적이었는데, 당시 주제가 '청소년의 성'이었기 때문에 나는 줄곧 해 보고 싶었던 콘돔 비치를 시도할 기회라고 생각했다. 섹슈얼 헬스 케어 용품 회사인 이브 콘돔에서 콘돔을 구하기 어려운 청소년들을 위해 청소년용 콘돔 자판기를 비치하는 것을 보고 떠올린 아이디어였다. 14~19세의 다양한 사람들이 모여 있는 기숙사 학교에서 섹스에 대한 소문이 없을 리 없었다. 양호실에, 도서관에 사용한 콘돔이 버려져 있었다는 소문은 꽤 흉흉하게, 또 지속적으로 학교에 돌았다. 나는 '이왕 할 거면 안전하게 하자!'는 마음으로 이브 콘돔을 구입해 학교에 비치했다. 엄연한 의료 용품이기에 양호실에 비치를 요청했지만, 침대가 있는 양호실에 두기엔 부적절하다며 한 차례 거절당했고, 결국 복도에 비치했다. 이게 이야기의 끝이었다면 좋았겠지만……. 어김없이 교사회에서 문제를 제기했다. 학교에 오는 손님들이 보면 어떻게 생각하겠느냐고. 학교에서 섹스를 권장하는 것처럼 보일 수도 있다는 이유였다. 담임 교사는 나를 따로 불러내 "청소년들에게 섹스는 너무 중독적"이라는 등의 말로 설득하려 했다. 나는 결국 콘돔 비치를 포기할 수밖에 없었다.

우리의 말하기가 외롭지 않도록

우리 학교의 이름이 강연 포스터에 적혀 있었다면, 나 역시 교무실에 불려 가야 했을 것이다. 여전히 우리 학교는 페미니즘을 "너무 과격하다"고 여기고, 여성 청소년의 자기 결정권을 존중하지 않는 곳이기 때문이다. 사실 졸업한 지금도 그런 학교를 떠올리면, 그 안에서 6년을 살아 내야 했던 내가 너무 안타까워 절망하게 될 때가 있다. 내가 학교를 졸업했다고 그 사실이 변하거나, 내가 그 사실을 잊게 된 것은 아니다.

얼마 전엔 그리 친하지 않았던 학교의 여성 후배에게 갑작스레 연락이 왔다. N번방 사건을 기점으로 자신을 페미니스트라고 선언하게 된 후배였는데, 내가 페미니즘 단체에서 일하는 것을 알고는 연락한 모양이었다. 후배는 자신의 친구들이 "그래도 남혐(남성 혐오)은 안 된다"고 말하는 것, 그리고 N번방의 끔찍함을 견디기가 힘들다고 말했다.

모든 것에 중립을 요구하는 사회인 우리 학교에서 여학생들 역시 "페미니스트들은 과격하다"라는 정서에 적극적으로 동의하게 된 것도 이상한 일은 아니었다. 그리고 그 사이에서 동의할 수도 없고 싸울 수도 없는 고립감은 나 역시 학교에 있을 때 겪어야 했던 일이었다. 나는 후배의 말을 들으면서 학교를 바꾸지 못하고 졸업한 것을 조금 자책했고, 여전히 청소년 페미니스트가 살아가기에 고된 환경인 학교에 많이 분노했다.

나름대로 할 수 있는 말들을 해 주었지만, 그것이 도움이 되었을지는 여전히 모르겠다. 하지만 하나 위안이 된 것은, 후배가 나에게 그래도 물어볼 언니가 있어서 다행이라고 말해 준 것이다. 내가 학교에서 처음 페미니즘을 접했을 때 나는 물어볼 수 있는 누군가가 없어서 막막한 기분으로 책만 붙잡고 있었다. 궁금한 점이 생겨도, 불편한 점이 생겨도 의견을 나눌 수 있는 누군가가 없었다. 내가 있어서 후배가 덜 외로웠을 것이라 생각하면, 우리의 존재가 그 자체로도 연대가 될 수 있다고 생각하면 조금은 힘이 난다. 내가 이 자리에서 계속해서 존재하고, 또 말해야 할 이유가 생긴다.

나의 말하기로, 우리의 말하기로 끝내 세상이 변할 것을 믿는다.

그 시간 동안 막막하고 분노스러울지라도, 외롭지는 않을 거라고 믿는다. 여학생들이, 끝내 학교를 바꿀 것을 믿는다.

내 일상은
극복의 대상이
아니야

한국 사회에서 장애인으로 살아가는 일상을 공유하다

김지우 wldn0829@naver.com

말하고 표현하기를 좋아하는 스무 살. 유튜버 '구르님'으로도 불린다. 고등학생 때부터 유튜브를 시작해 느리지만 꾸준히 채널을 운영 중이다. 더 많이 공부하고 더 많이 배우고자 한다.

조금 특별할 뿐이라고요?

'왜 텔레비전에는 장애인이 나오지 않을까?' 여태까지의 나의 행보는 모두 이 질문에서 시작되었다. 사람은 자연스레 자기와 닮은 것에 관심을 두기 마련이다. 나 또한 마찬가지였는데, 내가 보는 드라마나 영화에서는 장애인을 찾는 게 쉽지 않았다. 그래서 어릴 때는 나와 비슷한 장애를 가진 사람들이 등장하는 책을 찾아보곤 했다. 하지만 나와 닮은 사람들의 이야기는 왠지 슬프거나 감동적이기만 했다. 자연스레 나도 그런 삶을 살게 되리라고 막연히 생각했던 것 같다. 자신의 다리는 왜 '병신'이냐며 슬피 우는 등장인물을 보며 우울해지기도 했고, 나 자신이 '조금 특별한' 인간이라고 생각하기도 했다.

나는 자기표현의 욕구가 매우 강한 사람이다. 어릴 때부터 내 이야기를 내보이고 싶다는 생각을 많이 했다. 아마 이런 성향에는 내가 태어날 때부터 쭉 동영상을 촬영해 온 부모님의 영향이 클 것이다. 부모님은 내 이야기를 블로그에 올리고, 방송 출연을 하고 싶다는 내 말에 어린이 참가자들이 나오는 프로그램에 지원해 주시기도 했다. "지우는 아프니까, 이 일은 하지 말자"라고 말씀하지 않으셨다. 그래서 나는 글을 쓰고 만화를 그려 인터넷에 업로드해 보기도 하고, 방송에 나가 보기도 했다. 많은 사람들이 '장애로 인해 유튜브를 시작하는

데 두려움이 없었느냐?'고 물었는데, 사실 나에게는 이러한 일련의 수순들이 너무나 자연스러운 일이었다.

하지만 내가 나온 방송과 내 창작물인 글과 만화 속에서조차 나는 온전히 나일 수 없었다. 내가 장애를 가지게 된 이유와 나의 힘겨운 생활, 그 속에서 도움을 주는 아름다운 주변인들과 함께 노력하며 장애를 '극복'해 낸 일화들만 부각되곤 했다. 한때는 나 자신도 그것을 자랑스럽게 여겼던 것 같다. 여태 내가 접해 왔던 장애의 모습과 장애를 그리는 방식은 늘 그런 식이었으니까. 이게 위험한 생각이라는 것을 알아차리기까지는 꽤나 오랜 시간이 걸렸다.

저 사람은 잘못이 없을지도 몰라

중학생이 되면서부터 그동안 당연하게 생각했던 것들에 딴죽을 걸기 시작했다. 원래 오만가지 것들에 불만을 가지게 되는 시기가 아닌가.

'왜 저 사람은 나에게 할 질문을 우리 엄마한테 하는 거지? 왜 나를 보며 혀를 찰까? 내 친구들은 왜 도우미라고 불리는 거지? 왜 모르는 사람이 자꾸 나한테 쉽게 말을 걸까? 이런 건 굉장히 개인적인 질문 아닌가? 내가 나왔던 방송은 왜 내 장면마다 감동적인 비지엠BGM이 나올까?'

그때는 이런 불만을 가지게 한 사람들을 미워했던 것 같다. '어떻게 그런 무례한 말을……, 왜 저런 편견을……' 하면서 말이다. 그런데 이상하리만치 많은, 똑같은 말과 행동을 하는 사람들을 만나게 되면서부터 잊고 지냈던 질문 하나가 떠올랐다. 어릴 적 가지고 있던 그 의문. '왜 여전히 텔레비전에는 장애인이 잘 나오지 않을까? 왜 텔레비전에 나오는 장애인들은 다 비슷할까?' 그리고 그것이 나의 불만과 미움에 답이 되어 주었다.

우리 사회는 장애인과 비장애인이 섞여 살아갈 기회가 거의 없다. 대부분 TV에서 드물게 나오는 장애의 이미지를 접한 게 전부인 경우가 많다. 그런 간접 경험을 재구성하다 보니 실수를 하는 건가 싶었다. 문득 학교를 다니며 받았던 수많은 장애 이해 교육들이 떠올랐다. 장애는 그저 이해하고 배려해야 하는 대상일 뿐이었다. 그마저도 단편적인 영상을 보기만 하고 교육이 끝나는 경우도 많았다. 실제로 학교에는 장애인 학생이 몇 없고, 대부분 따로 반이 존재해서 만날일이 없기 때문이다. 아니, 그러한 장애 이해 교육을 받기는커녕 아예장애인과 분리되어 살아왔던 사람들이 더 많았다. 내가 느낀 문제에대해 나름 원인을 찾아본 것이다. 그러자 미워할 존재는 내게 무례한행동을 했던 사람들이 아니라는 결론이 나왔다. 딴죽을 걸어야 할 건사람들이 아니라 이 사회였다. 장애인에 대한 단편적인 이미지와 편견을 재생산하는 바로 이 사회.

영상을 만들어 볼까

그래서 영상을 만들기 시작했다. 처음에는 아주 가벼운 생각으로 시작한 채널이었다. 초등학교 때부터 영상을 만드는 걸 좋아했고, 무엇보다 내 이야기로 사람들에게 다가가고 싶었다. '장애 이해 교육? 내가 더 잘 만들겠다!' 이런 객기도 있었던 것 같다. 그렇게 2017년 2월에 첫 영상을 제작했다. 친하게 지내던 친구가 장난처럼 만들어 준 캐릭터도 삽입했다. 누가 보면 부끄러우니까 부모님이 외출했을 때, 혼자 방에서 카메라를 켜 두고 떨리는 목소리로 영상을 찍었다. 그게 내 첫 영상, 〈대한민국에서 살아가는 장애인 이야기〉이다. 영상은 내가 늘 고민해 왔던 질문을 시청자에게 던지며 시작한다. "여러분은 혹시 영화, 드라마, 예능에서 장애인을 본 적이 있어?" 하고 말이다.

한번은 사회적으로 이슈가 되었던 문제를 조사해서 영상을 만들어 올리기도 했다. 누군가가 휠체어 이용자를 위해 한 책방에서 설치한 경사로가 자신의 통행에 방해가 된다며 시청에 민원을 접수한 것이 발단이 되었다. 주목할 점은 시청에서 경사로를 철거하라는 명령을 내린 것이다. 더구나 책방이 명령에 응하지 않자 용역 업체를 고용해 경사로를 철거하려고까지 했다. 나는 경사로를 철거하지 않을 근거가 되는 관련 법안을 찾아보고, 직접 책방에 전화를 걸어 인터뷰를 통해 사실 확인을 거쳐 영상을 제작했다. 책방 사장님을 인터뷰하기 위해 전화를 걸었을 때 심장이 마구 뛰었던 게 아직도 기억에 생생하다.

몇몇 영상들은 실제로 유의미한 결과를 불러오기도 했다. 〈안전교

학교에서 재난 대피 훈련을 할 때마다 홀로 교실에 남아 있어야 하는 상황을 고발(?)한
〈안전교육 때 대피해 본 적이 없다〉 유튜브 영상

육 때 대피해 본 적이 없다〉가 그중 하나다. 학교에서 각종 재난 대피 훈련을 할 때면 나의 역할은 교실에서 대피하는 아이들을 기다리는 일이었다. 재해가 일어나면 엘리베이터를 이용하지 말아야 한다는 것은 훈련을 제대로 받은 학생이라면 누구나 알고 있는 상식이다. 그러나 엘리베이터가 없으면 대피할 수 없는 사람들을 위한 매뉴얼은 그 어디에서도 들을 수 없었다. 나는 그저 "나 빼고 대피하니까 좋냐?" 하고 친구들에게 농담을 던지거나 "실제로 이런 일이 생겨도 나를 버리고 가"라며 우스갯소리를 하곤 했다. 하지만 정말 그래서는 안 될 것 같다는 생각이 들었다. 비장애인에 비해 조금 곤란한 것과 아예 대피할 방법이 없는 것은 전혀 다른 문제다. 그래서 나는 그 경험을 떠올리며, 실제 대피 훈련 시 내 모습을 촬영한 영상을 만들었다. 그 영상의 댓글 창에는 다른 많은 장애인들의 경험담이 이어졌다. 그 상황은 나만의 경험이 아니었던 것이다. 영상을 업로드한 후, 소방청에서 장애인 대피 관련 정보를 나에게 전달해 주었다. 우리 학교에서는 학교에 설치된 엘리베이터가 비상시에도 전력이 끊기지 않는 엘리베이터인지 확인하는 작업을 했다. 한 선생님은 "다음 훈련 때는 꼭 데리고 나갈게" 하고 말씀해 주셨다. 그렇게 나는 12년 만에 처음으로 대피 훈련에 참여할 수 있었다. 내가 올린 영상이 나와 우리 사회를 위해 유의미한 일을 할 수 있다는 것을 알게 해 주었던 사건이다.

'내가 쟤보다는 낫지'의 '쟤'를 맡고 있습니다

수많은 사람에게 노출되는 공간에 나의 모습을 올린다는 것은, 특히 장애를 가진 나의 모습을 드러내는 일은 끊임없이 대상화될 위험에 처할 수 있는 일이다. 나는 분명히 일상 브이로그Vlog를 올렸을 뿐인데, 친구들과 즐겁게 노는 모습을 담은 영상인데 사람들은 '눈물을 흘렸다', '정말 감동적이다', '힘을 얻고 간다'며 댓글을 남기곤 했다. '천사 같다'는 메시지를 받은 적도 있다. 그들은 그들의 방식으로 나를 응원한 것이다. 나도 그것을 알기에 기분이 나쁘지는 않았다. 다만 씁쓸해지는 마음은 어쩔 수 없었다.

테드TED에 〈I'm not your inspiration, thank you〉라는 강연이 있다. 호주의 코미디언이자 저널리스트인 스텔라 영의 강연인데, 정말 모든 문장에 공감하며 들었던 기억이 난다. 그는 드라마를 좋아하는 평범한 열다섯 소녀였는데, 어느 날 이웃으로부터 지역 공로상 후보로 추천하고 싶다는 말을 듣게 된다. 교사 시절에는 법학 수업을 한창 하고 있는데 갑자기 한 학생으로부터 "진짜 강연은 언제 시작할 거냐?"는 질문을 받는다. 그 학생은 휠체어를 탄 사람이 학교에 오면 으레 하는 소위 감동을 주고 세상을 살아갈 힘을 주는 동기 부여 강연을 기대한 것이다. 이런 그의 경험에 관한 이야기를 들으면서 나는 웃음이 났다. 역시 세상 사람들은 다 똑같다.

나 또한 그런 것들을 보고 듣고 배우며 자랐다. 손과 발이 없는 사람이 바닥에 넘어졌는데 자신의 머리와 몸통 힘으로만 일어나는 영상을 보고 학습지를 작성하기도 했다. 미디어가 보여 주는 장애인들의 이야기에는 늘 '감동'이라는 키워드가 따라붙었다. 그런 것들에 익숙해진 사람들은 자연스레 내 영상을 보고도 눈물이 났을 것이다. 익숙함이 주는 폭력이다. 그런 사람들을 비난하고자 하는 것은 결코 아니다. 하지만 우리는 분명 다시 한 번 생각해 봐야 한다. 당신이 그들의 모습을 보고 얻은 감동과 희망은 혹시 '내가 저 사람보다는 낫지'라는 생각에 기반한 것은 아닌가? 그것은 바람직한가? 그 대상이 되는 사람들은 또 누구를 보며 희망과 위로를 얻어야 하는가?

이런 면에서 '장애 극복'이라는 말도 재고해 볼 필요가 있다. 인터넷에서는 '장애를 딛고', '장애를 극복한'이란 제목을 단 기사를 심심찮게 찾아볼 수 있다. 한 패럴림픽 홍보에서는 휠체어를 타고 등장한 무용수가 벌떡 일어나 춤을 추기도 했다. 나도 예전에는 장애를 극복한 사람이 되고 싶다는 생각을 하곤 했다. 하지만 그 단어에는 무서운 전제가 하나 있다. 바로 '장애는 고난과 같은 선상에 있어야 한다'는 전제다.

장애를 극복한다는 것은, 곧 장애는 없애 버려야 할 요소라는 말이 된다. 장애를 가진 사람의 삶은 고난의 연속이고 부정적으로 비칠 수밖에 없다는 말이다. 그래서 장애를 극복한 사람만이 성공한 사람이 되고 사람들에게 감동을 선사할 수 있다. 성공과 장애는 양립할 수 없는 것이다. 또한, '극복한'이라는 말 속에는 극복하지 못한 사람들에 대한 배려가 없다. 장애를 가지고 평범하게 살아가는 사람들은 모두 실패한 사람이란 말인가.

　그래서 나는 이제 장애를 극복했다는 말보다 '장애에 익숙해졌다'
는 말을 더 선호한다. 내가 멋진 일을 해냈다고 해서, 갑자기 비장애
인이 되지는 않는다. 장애인이라고 해서 훌륭한 일을 할 수 없는 것도
아니다. 내게 있어 장애는 바라보고 익숙해져 함께 가지고 가야 할 특
성 중 하나일 뿐이다.

의미 두지 않기

　영상을 만들 때 가장 중요하게 생각하는 것은 '의미 두지 않기'
이다. 나는 스스로를 장애 이해 교육용 영상이나 인권 영상만을 만드
는 유튜버라고 생각하지 않는다. 나는 일상 브이로그를 찍고, 여행 영
상을 제작하는 유튜버이자 새내기 대학생이다. 나의 이런 수많은 특
성 중 하나가 장애인 유튜버일 뿐이다. 내가 장애인이기 때문에, 내
영상에는 자연스럽게 장애라는 요소가 등장할 수밖에 없다. 그 이상
도 그 이하도 아니다.

　여태까지 사회에서, 그리고 미디어에서 재생산되는 '장애'는 너무도
많은 수식어를 가지고 있었다. 그것이 부정적인 수식어이든, 긍정적인
수식어이든 간에 말이다. '혐오'라는 말이 아주 강하고 자극적인 분위
기를 풍기지만, 사실 혐오는 우리 모두 무의식중에 자행하고 있는 일
이기도 하다. "장애인 싫어!"라고 말하는 것은 분명한 혐오다. 그렇다
면 "지우는 몸이 아프니까 이건 참여하지 말고 쉬어"라고 말하는 건

어떨까? 장애인의 의사와 관련 없이 참여하지 않도록 배제하는 것은 차별이고 상황에 따라선 혐오가 된다. 또 '장애인은 의심할 줄 모르는 순수하고 깨끗한 존재'라며 미화하는 것 역시 마찬가지다. 둘의 공통점은 모두 장애인을 하나의 인격체로 보지 않고 단편적인 대상으로 본다는 것이다.

그래서 내 영상에서는 장애를 표현하는 방식에서 어떠한 의미도 두지 않으려고 노력한다. 나의 몸을 감동의 소재로 쓰거나 남에게 응원의 메시지를 보내기 위해 쓰고 싶지 않다. 예민하고 매몰차게 들릴 수도 있지만 정말 그렇다. 그런 미디어는 이미 너무도 많다. 이젠 '장애'라는 단어가 지고 있는 짐을 덜어 낼 필요가 있다. 장애는 미워하거나 사람을 비난할 때 쓰는 말도 아니고, 그렇다고 누군가에게 감동을 주기 위해 존재하는 것도 아니다. 그냥 하나의 특성일 뿐이다. 내 목표는 시청자들이 내 영상을 보고 재미있을 것 같아 클릭한 후 실제로 재미있게 보는 것이다. 그 영상에 나오는 사람이 장애인임을 발견하는 경험 정도가 추가될 수 있겠다.

사실 딜레마에 빠지기도 한다. '장애인'이라는 말이 제목에 들어가거나 휠체어를 탄 모습이 섬네일thumbnail일 때가 그렇지 않은 때보다 조회 수가 더 높기 때문이다. 그래서 가끔은 '조금만 더 장애를 부각시켜 영상을 만들어 볼까?' 하는 생각이 들기도 한다. 그런 욕심이 들 때면 그대로의 나를 마주하고 다시 영상을 수정하곤 한다. 그러면서 항상 나에게 물음을 던진다. '장애가 굳이 들어가지 않아도 되는 부분일까?' '장애가 단순 흥미 유발 소재로, 혹은 감동 유발 소재로 쓰이지는 않는가?' 하나라도 '예'가 나오면 구성을 재고해 보는 것이다.

나는 '의미 두지 않기'를 계속해서 실천해 갈 예정이다. 계속해서 영상을 제작해 내 영상에 시청자들의 눈이 익숙해질 수 있게 말이다. 그렇게 더 많은 영상이 주목받을 날이 올 것이라고 기대하며.

더 많은 사람들이 목소리를 내기를

내 채널은 처음에는 아무도 보지 않는 작은 채널이었다. 그러다 한 영상이 크게 관심을 받으면서 구독자가 빠르게 늘어났다. "장애인은 조금 모자라야 하는데, 요새 장애인은 장애인 같지도 않다"라고 표현한 만화를 비판하는 영상이었다. 몇 해 전만 해도 우리나라에는 장애인 유튜버가 매우 드물어 주목받을 수 있었던 것 같다. 많은 사람들이 봐 주는 걸 싫어할 유튜버가 어디 있을까. 나 또한 그 반응에 매우 기뻤다.

하지만 동시에 걱정되기도 했다. 나는 여성이자 청소년, 그리고 장애인이었다. 사회에서 '주류'라고 불리는 정체성보다는 비주류에 가깝다. 더구나 소수자들의 목소리는 쉽게 잊혀지고, 쉽게 일반화된다. 그래서 나의 말과 행동이 다시 '장애인'의 이미지를 한정하는 기제가 될까 봐 걱정되었다. 내가 말하는 것들이 '장애인을 대표'하는 말로 읽힐까 두려웠다. 실제로 그런 일이 일어나곤 했다. 맹목적인 비난이었으나 "쟤를 보니 이제 다른 여자 장애인들이 다 저렇게 생각하는 것 같다"라는 말을 들어 본 적도 있다. 나는 나로서 이야기를 하고 싶은데, 자꾸만 전체를 대변하는 목소리가 되어 버렸다.

또 나의 창작물들이 '장애'에만 초점이 맞춰지거나 장애에 덧씌워져 있던 기존 프레임을 강화하는 데 쓰이지는 않을까 하는 걱정도 있었다. 실제로 활동 초기에는 감동적인 콘텐츠를 만드는 곳에서 연락이 많이 오곤 했다. 제작 전 인터뷰는 '어떻게 다쳤느냐?', '살아가면서 힘든 점이나 어려운 점은 무엇이냐?', '고민은 무엇이냐?' 같은 질문의 반복이었다. 아주 흔한 감동 프레임인 장애인이 곤란에 처했을 때 비장애인들이 도움을 주는 영상을 찍고 싶어 하는 사람도 있었다. '세상은 여전히 '장애'로 '감동'을 선사하고 싶어 하는구나, 내가 그 도구가 되는구나' 싶어 고민이 깊어졌다. 그런 세상을 바꾸고 싶었고 그게 내 활동의 일부를 차지하는 것도 사실이기 때문이다. 장애 인권에 관한 영상을 올리고, 관련 프로그램에 출연하는 것도 마찬가지 이유에서다. 하지만 언제나 그 방향성은 '감동'이 아닌 '나 자신'을 향해 있다.

이 문제는 여전히 걱정거리다. 그렇다고 눈치를 보거나 주저하지는 않는다. 일반화가 두려워 내 목소리를 내지 않는 일도 없다. 오히려 더 많은 활동을 통해 다양한 면을 보여 주는 것이 내가 할 일이라고 생각한다. 단편적 인간이 아니라 동시대에 같은 삶을 사는 입체적인 사람이라는 것을 보여 주고 싶다. 그런 내 영상을 보고, '쟤가 하면 나도 하겠는데?' 하며 더 많은 장애인들이 목소리를 내 주었으면 한다. 아직까지도 장애인들에게는, 특히 장애 여성에게는 롤 모델이 너무 적다

고 생각한다. 내가 롤 모델이 되고자 하는 것은 아니지만, 적어도 아
는 언니, 닮고 싶은 언니로서 계속해서 내 삶을 보여 주고 싶다.

너 장애인 맞아

요즈음 자꾸만 생각나는 말이 있다. 초등학교 때 나는 방학 때
마다 병원에 입원해 집중 치료를 받곤 했다. 같은 병실의 한 살 많은
언니가 "학교에서 애들이 장애인이라고 놀린다"며 고민을 토로했다.
그런데 그 언니의 엄마가 "너 장애인 맞아. 애들한테 '나 장애인 맞는
데, 뭐?' 이렇게 말해" 하는 것이었다. 그때 당시에는 '어떻게 딸에게
저렇게 말할 수 있지?' 하고 생각했던 것 같다. '장애인'이라는 말이 너
무나 폭력적으로 느껴졌다. 그도 그럴 것이, 학교 친구들은 욕처럼 '너
장애인이냐?'라는 말을 사용했고, 텔레비전에서는 장애인 캐릭터를
따라 하는 것이 개그 소재로 쓰이곤 했기 때문이다. 그래서 무의식중
에 '나는 장애인이 아니야'라는 생각을 하게 된 것 같다. 언젠가는 낫
겠지 하고 생각했고, '정상성'에 가까워지기 위해 예쁘게 걷는 법을 연
습하기도 했다. 시간이 흘러 사춘기가 되었을 때, 더는 나의 몸이 변
하지 않을 것이라는 걸 알게 되었다. 내가 장애인이라는 것도 인정하
게 되었다. 하지만 주위 사람들에게 내 모습 그대로를 보여 주는 것은
여전히 두려웠다. 많은 사람들이 나를 쳐다보면 예민해지기 일쑤였
고, 내 모습이 부자연스럽다고 여겨질 때는 온몸이 뻣뻣하게 굳기도

했다. 가족사진을 찍을 때도 휠체어는 프레임 밖에 두고 일어서서 사진을 찍곤 했다.

유튜브를 시작했을 때도 마찬가지였다. 원체 걱정이 없는 성격이라 공개된 장소에 내 영상을 올리는 건 두렵지 않았다. 다만 편집을 할 때 내 움직임이 부자연스럽다고 여겨지면 그 부분은 모두 잘라 버렸다. 그래서 처음에 올린 영상들에는 대부분 내가 앉아 있는 모습만 나온다. 그러다 점점 내 모습 그대로를 보여 주어도 될 것 같다는 용기가 생겼다. 내가 움직이는 모습을 편집하지 않기도 하고, 부러 걷는 모습을 집어넣기도 했다. 내 영상을 통해 시청자들의 인식을 바꾸려고 했는데, 나 또한 변화하고 있던 것이었다.

그제야 그 언니의 어머니가 했던 말씀이 이해가 됐다. '나 장애인 맞아'라고 인정하는 것 자체가 첫걸음이었던 것이다. 장애를 놀림거리로 쓰는 사람에게 "나는 장애인 아니야"라고 대답하는 것은 나의 몸을 부정하는 일이 된다. 나의 몸을 마주하고, 익숙해지는 일이 필요하다. 아직도 장애인을 학대했다는 기사를 보고 "저런 놈들이 오히려 정신 장애인"이라고 말하거나, "마음에 장애가 있는 사람들이 더 불쌍하다"라고 말하는 사람들을 많이 볼 수 있다. 그들이 그런 말을 하는 의도는 충분히 이해한다. 하지만 다시 한 번 생각해 보고 이야기했으면 좋겠다. 장애인들도 마찬가지다. 장애 자체를 부정해 버리는 것은 당사자에게 아무런 도움이 되지 않는다. 오히려 자신의 몸을 제대로 바라볼 기회를 놓쳐 버리는 일이다.

더 욕심 부리며 살자

유튜브 채널을 만들고 활동한 지도 어느새 3년이 되었다. 꾸준히 활동해 온 것은 아니라서 많은 영상을 올리지도 못했다. 사실 활동에 비해 훨씬 많은, 과분한 관심과 사랑을 받았다. 모든 댓글 하나하나가 다 소중하지만, 역시나 기억에 남는 것은 나와 같은 정체성을 공유하는 이들의 댓글이었다. 나는 12년간 일반 학교에 재학했기 때문에 장애인 친구와 경험을 공유할 기회가 거의 없었다. 유튜브를 시작하고, 많은 장애인 당사자들과 이야기를 나누면서 서로만이 알 수 있는 경험들을 공유할 수 있었고 그것이 얼마나 재미있는 일인지도 알게 되었다. 내 채널의 댓글 창이 이전까지는 다뤄지지 않았던 사회적 소수자에 대한 공론장이 될 때도 참 보람차곤 했다.

'채널을 시작해 보고 싶었는데 용기가 없었다. 그런데 이제 영상을 만들어 보려고 한다'든가, '학교에 진학해서 처음 보는 친구들에게 어떻게 장애를 설명해야 할지 고민이었는데 언니 영상을 보니 자연스럽게 설명할 수 있을 것 같다'는 댓글을 보면 힘이 났다. 내 채널을 구독하던 중 사고가 나 장애를 얻은 분도 있었는데, '구르님을 모르고 있었다면 크게 절망했을 테지만 이제 그렇지 않다. 감사하다'라는 말을 전해 듣기도 했다. 우리는 비슷한 아픔을 가진 사람들과 공명하며 연대한다. 그런 기분을 매일같이 느낄 수 있어 참 행복하다.

앞으로도 내가 계속 영상을 만들면서 살까? 확실하진 않지만 아

2019년 1월 서울 구글 캠퍼스에서 열린 '크리에이터와의 대화'에 초대받아
〈굴러라 구르님〉 채널 운영자로서 참석했다.

마 그럴 것이다. 내가 어디서 무엇을 하든 나는 계속해서 목소리를 낼 것이고, 하고 싶은 것, 할 수 있는 것을 찾아 움직일 것이다. 그리고 그것을 다른 이들에게 계속 알릴 것이다. 나는 아주 욕심이 많은 사람이라 남들이 하는 것은 다 해 보아야 하고 남들보다 더 많이 해 봐야 한다. 지금도 더 많이 배우고 싶고 더 많이 경험하고 싶다. 그리고 나와 닮은 이들도 그랬으면 좋겠다. 부당한 처우를 당연하게 받아들이지 말고, 더 욕심을 부리며 살아도 된다고 전하고 싶다.

/

혐오의 산꼭대기에서 피어난 한 떨기 퀴어

/

혐오·차별에 맞선 고등학교 성소수자인권 동아리의 연대기

이호

사주에 호랑이가 있어 몸에 호랑이를 새겼지만 현재는 말랑말랑한 고양이와 함께 살고 있습니다. 2018년, 학교에서 성소수자인권 동아리를 만들어 활동하였고, 2020년에는 모든 혐오를 혐오하는 중입니다. 대한민국에서 동성 결혼이 법제화되지 않는다면 한국에선 평생 결혼하지 않겠다고 다짐했습니다.

아무도 알려 주지 않았다

열네 살, 샤워를 하던 도중 갑자기 가장 친한 친구의 얼굴이 떠올랐습니다. 누가 내 머릿속을 리모컨으로 조종하는 것처럼 '내가 이 친구를 좋아하나?'라는 생각이 번뜩 들었어요. 그 친구의 얼굴이 떠오른 이후로는 머릿속이 '펑' 하고 터진 듯 이상한 느낌만이 감돌았습니다. 그 당시의 저는 그 감정의 이름이 무엇인지 몰랐습니다. 그 친구는 저와 같은 성별이었으니까요. 만약 친구가 이성이었다면 결론이 빨리 내려졌을지도 모릅니다. 며칠 밤을 새워 이 감정의 이름이 무엇인지 고민해 보았지만 판단하기 어려웠습니다. 사랑이라는 생각도 해 보지 못했습니다. 그때의 저에게는 'BL'도 'GL'도 없었으니까요.* 아예 선택지에 없었는지도 모릅니다. 열네 살의 저는 그 감정을 우정이라는 이름으로 황급히 덮어 두었습니다.

그 후 저는 스마트폰과 컴퓨터로 '성소수자'와 관련된 단어들을 마구 검색했습니다. 구글 검색창의 글씨가 모두 보라색이 될 때까지 검색을 멈추지 않았어요. 물론 '이런 것'들을 검색하고 알아 간다는 것

---

* Boys Love, Girls Love의 앞 글자를 딴 용어. 주로 서브컬처 분야에서 만화나 소설 등의 장르를 분류할 때, 남성과 남성 사이의 사랑, 여성과 여성 사이의 사랑을 소재로 한 작품들을 가리킨다.

은 아무한테도 말하지 않았습니다. 정확히는 '못한' 것에 가깝지만요. 엄마는 독실한 기독교 신자였고, 딸이 동성애에 관심을 보이는 것을 알면 바로 '전환 치료'를 하려 들까 두려웠습니다. 제 주변 사람들은 홍석천 씨와 하리수 씨의 차이를 몰랐고, 트랜스젠더는 '이상 성욕자'라고 욕하곤 했습니다. 그래서 성소수자에 대해 검색한 날에는 컴퓨터의 검색 기록을 모두 지우고 컴퓨터 게임만 한 것처럼 연출하곤 했습니다. 제게 성소수자에 대한 이야기는 금기이자 함부로 발설하면 안 되는 것이었고, 숨죽여야만 하는 주제였습니다.

한동안 저는 그 무렵의 일을 단순한 해프닝으로 여기며 살았고, '일반적'인 이성 간 연애를 하기도 했습니다. 하지만 제가 '보통 사람', 이성애자와는 조금 다르다는 걸 마음속으로 인식하고 있었던 것 같습니다. 많은 시간이 흘러 저는 여고에 진학했고, 열일곱 살의 어느 봄날 좋아하는 사람이 생겼습니다. 저보다 한 학년 위의 선배였습니다. 컴퓨터로 몰래몰래 찾아봤던 지식들이 그제야 빛을 발했습니다. 그렇게 나에 대해 알게 되고, 나에 대한 확신을 얻었습니다. 누구도 제게 알려 주지 않았으나 누구보다도 잘 알 수 있었습니다. 조금만 더 빨리 알았더라면 얼마나 좋았을까요? 숨기기 급급해 그 감정에 이름을 지어 주지도, 감정을 표현하지도 못한 열네 살의 제가 자꾸 떠오릅니다. 저는 열네 살 때의 그 친구에 대한 마음이 무엇이었는지는 지금도 알 수가 없습니다. 그때의 제게 그 감정은 단지 '숨겨야 할 것'에 불과했으니까요.

굳이 어려운 길을 돌아서 간 이유

＼

좋아하는 선배는 한 층만 올라가면 얼굴을 볼 수 있었습니다. 저는 직진밖에 모르는, 다소 저돌적인 성격이었기에 주변 시선 따위 신경 쓰지 않고 자유롭게 선배네 반을 드나들었습니다. 좋아하던 선배도 제가 벽장 안에 갇혀 있기보다는 벽장 밖으로 나와 소통하기를 원했습니다. 우리는 서울 퀴어문화축제에 갈 계획을 짜다가 친권자에게 들켜 실패하기도 했고, 학교에서 퀴어 친구들을 사귀며 교내 퀴어 커뮤니티를 만들었으며, 2017년 처음 열린 부산 퀴어문화축제에 함께 가기도 했습니다. 학교 담을 넘어 편의점에 가고, 함께 공부를 하고, 매일 함께 등·하교를 하니 서로의 마음은 깊어질 대로 깊어졌습니다.

서로의 가음을 확인하고 보낸 그 시간은 평화로워 보였으나 그저 폭풍전야였을 뿐이었나 봅니다. 친할 일이 없는 학생들이 자주 만나 이야기하는 모습에 사람들은 우리를 의심하며 '우리끼리'만 통하는 공통점을 찾으려 애썼습니다. 제가 오는 것을 싫어한 선배 반의 상급생들은 저를 보면 표정을 찌푸리며 상종도 하지 않았고, 동급생들은 "재가 개래"라며 소문을 퍼트렸습니다. 교사도 예외는 아니었습니다. 어떤 교사는 제 애인과 제가 "너무 붙어 다닌다"며 혼을 냈고, 다른 반에서 제 이야기를 하기도 했습니다. 대부분의 교사들은 저희 둘이 '사귄다'고 확신하고 있었습니다. 중학교 때의 친구 하나는 제가 지역의 다른 학교들에서 '레즈'로 불린다고 알려 주기까지 했습니다. 제게

물어보기엔 '무섭고' '더러우니' 제 친구들에게 제가 레즈비언이냐고
묻는 학생들은 덤이었지요.

제가 특별해서 당한 일들이 아닙니다. 저의 성소수자 친구들은 정
기 행사처럼 몇 주에 한 번씩 이런 혐오와 차별을 겪었습니다. '우리
들'만요. 아무도 시스젠더 헤테로*인 학생에겐 묻지 않았던 질문들에
우리는 답해야 했습니다. 너무 속이 상하고 분해서 정말 많이 울었습
니다. 우리가 그저 조금 다르다고 해서 이런 시선을 견뎌야 하는 것이
당연한 것은 아니었으니까요. 사람들의 시선 따위 신경 쓰지 않던 열
일곱 살의 저는 점점 약해져만 갔고 제겐 누구보다 무엇보다 강인한
방패가 필요했습니다.

그렇게 차별받고 혐오당하던 열일곱의 겨울, 저는 결심했습니다.
우리 학교에 저의 방패가 되어 줄 성소수자인권 동아리를 만들겠다
고요.

그걸 꼭 해야겠어?

제가 성소수자인권 동아리를 만들겠다고 했을 때, 좋은 반응을 보
여 준 이들보다는 반대표를 던진 이들이 훨씬 많았습니다. '왜 다른

---

* '시스젠더'란 '트랜스젠더'에 대응하는 개념으로, 사회적·법적으로 지정받은 성별과 자신의 성별
정체성이 일치하는 것을 뜻한다. '헤테로'는 '헤테로섹슈얼', 즉 이성애자를 가리킨다.

길로 가려 하냐', '무섭지도 않냐', '동성애가 자랑이냐', '그걸 꼭 해야겠냐', '그러니까 욕을 먹는 거다' 등 정말 다양한 반대의 말들을 들었습니다. 하지만 저는 한다면 하는 성격이었습니다. 오히려 주변인들의 소소한 꼰대 발언과 잔소리들이, 제게는 '해야만 하는' 정당성을 확인시켜 주었습니다. 아직도 저는 그때 동아리 설립에 반대해 준 이들에게 감사합니다. 그들이 아니었다면 저는 그저 그런 마음가짐으로 학교생활을 하며 혼자 견뎌 내기만 했을 테니까요. 살기 바빠 동아리를 만들 시간도 없었을 거예요.

많은 이들이 왜 '성소수자' 동아리가 아닌 성소수자'인권' 동아리냐고 묻습니다. 이유는 간단합니다. 동아리에 가입한 부원이 "너도 그쪽이냐" 같은 말을 들어야만 하는 상황은 없게 하고 싶었기 때문입니다. '인권'을 표방했기에 그나마 성소수자인 부원들이 자신의 정체성을 들키지 않을까 하는 걱정을 덜 수 있었습니다. 그리고 성소수자가 아닌 학생들도 가입해 줬으면 하는 마음도 있었습니다. 그 친구들에게는 미안하지만 약간의 보험이기도 했습니다. 성소수자인권 동아리에 성소수자만 있는 것이 아니라고 말하고 싶었습니다. 당당하게 이런 대답을 할 수 있게 되기까지는 꽤나 많은 시간이 걸렸습니다.

동네에서도 구석진 곳에 있는 작은 카페의 눈에 띄지 않는 자리에서 성소수자 인식 개선을 위해 무엇이 필요할지, 동아리를 꾸려 나가기 위해 무엇을 준비해야 할지 계획을 세웠습니다. 상상만 해도 가슴이 뛰었습니다. 봄 방학이 끝난 뒤 아직 추위가 가시지 않았던 2월, 제가 제작한 동아리 홍보 포스터를 붙였고 꽤나 많은 학생들이 지원

해 주었습니다.

하지만 아직 동아리 설립이 완료된 건 아니었습니다. 계획서를 작성해 교사에게 인정받은 50개의 동아리만 개설이 가능했고, 뿐만 아니라 동아리 담당 교사도 있어야 했습니다. 사실 저는 동아리를 교사에게 인정받아야 한다는 것을 알게 되고는 보수적인 교사들의 반대로 동아리가 퇴짜를 맞으면 어쩌나 매우 걱정이 됐습니다. 제가 다니던 학교는 기독교 학교는 아니었지만 많은 교직원과 학생이 기독교 신자라 보수적인 분위기였습니다. 그들은 당연히 '동성애는 더럽다' 같은 부정적 생각을 가지고 있었고, 개중에 조금 개방적인 이들도 '양성평등'을 이야기하는 정도였습니다. 양성평등은 남성과 여성 사이의 평등만을 뜻하기 때문에 성소수자를 포괄하는 개념이 아닙니다. 그래도 그 학교에서는 그 정도조차 감사할 지경이었습니다. 그런 학교 분위기였으니 여성 청소년 성소수자의 입지는 바닥을 기었지요. 지난 1년간 학교에서 활동을 하며 "이런 건 개인적으로 해라"라는 말을 귀에 딱지가 앉도록 들어 왔기에 더더욱 걱정이었습니다.

제가 교직원들의 미움을 받았던 것도 걱정의 이유였습니다. 왜였는지는 저도 모릅니다. 저는 그럭저럭 '모범생'에 속했는데도 말이지요. 제가 동아리를 만든다는 것을 알자마자 학생부장이 "너 동성애자냐", "네가 그런 큰일을 할 수 있겠냐"라며 조소 섞인 말을 했습니다. 말한번 잘못했다간 동아리의 운명이 바뀔 수도 있었기에 저는 그냥저냥 웃어넘길 수밖에 없었지요. 하지만 대부분의 교사는 학생부장 편이었고 그건 매우 위험한 징조였습니다. 그런 보수적인 교사들은 동아리 서류 관리든 뭐든 알아서 다 할 테니 그냥 서류에 이름만 적어 달라는 제 부탁을 무시하고 영어신문 동아리나 토론 동아리의 담당 교사에 이름을 올렸습니다. 속으로 욕이 나올 정도로 화가 났습니다. 다행히도 1학년 때 제가 소속됐던 동아리의 담당 교사였으며 학생부장과 사이가 좋지 않았던, 늙직하고 꽤 개방적이었던 교사가 동아리 담당 교사를 맡아 주겠다고 했고, 그러다가 2% 부족한 자신 대신 예비 담당 교사를 맡아 줄, 새로 부임한 페미니스트 교사를 소개해 주었습니다. 완벽한 조합이었습니다.

3월, 모든 것이 시작되는 시기, 그렇게 평등을 뜻하는 '성소수자인권 동아리 이퀄EQUAL'도 시작되었습니다.

성소수자는 더러운 게 아닙니다

많은 이들이 '성소수자=동성애자'라 알고 있곤 합니다. 하지만 동성애자는 성소수자에 속하지만, 모든 성소수자가 동성애자는 아닙니다. 힘들게 동아리를 만들면서 사람들의 성소수자에 대한 인식이 얕다는 것을 새삼 깨달을 수 있었습니다. 새로운 부원을 뽑을 때 합격 유무와 무관한 작은 쪽지 시험을 보았는데, 자신이 성소수자라고 한 학생도 다양한 성소수자에 대해 정확히 알지 못했습니다. 젠더와 섹스가 무엇인지 알기만 하면 다행이었지요. 기대치가 너무 높았던 저는 혼란에 빠졌습니다. 그래서 저는 복습하며 다시 새기는 차원에서, 부원들은 새로 공부하는 차원에서 처음부터 시작하기로 했습니다. 성소수자에 대해 잘 모르는 이들을 위한 카드 뉴스와 흥미를 끌기 위한 스티커 등을 만들었고, 부원들은 카드 뉴스를 만들며 성소수자에 대해 알아 나갔습니다. 국제 성소수자 혐오 반대의 날(5월 17일)을 알리기 위한 활동은 그렇게 모든 것이 완벽했습니다.

이퀄의 부원들은 점심시간에 점심을 먹고 나온 학생과 교직원들에게 스티커를 나눠 주며 전시해 놓은 카드 뉴스를 설명했습니다. 많은 사람들이 카드 뉴스에 흥미를 보이고 부원들에게 질문을 하는 등 순조로운 듯 했습니다. 그런데 지나가던 상급생 몇 명이 조소를 보내기 시작했습니다. 교내에서는 성실한 기독교인으로도, 극심한 호모포비아로도 유명한 이들이었습니다. 그들은 소곤소곤 자기들끼리 이야기하며 저와 카드 뉴스를 번갈아 쳐다보았고 중간중간 "웃긴다", "더럽다" 같은 단어도 내뱉었습니다. 불길한 느낌이 들기 시작했습니다. 무언가 잘못되었다고 생각하니 마음속에서 태풍이 몰아치는 듯했습니다. '괜히 했나?', '3학년은 캠페인 대상에서 제외할 걸 그랬나?', '내가 왜 이런 동아리를 만들었지?', '왜 내가 저런 시선을 받아야 하지?', '왜 부원들까지 나와 함께 낙인찍히는 거지?', '오늘 하는 게 아니었나?' 등 수많은 부정적인 생각이 등줄기를 스쳤습니다. 하지만 저는 겉으로는 환하게 웃으면서 더럽다고 말한 선배에게 스티커를 나눠 주었습니다. 그 선배들은 다가오는 저를 이상야릇한 얼굴로 바라보다가 스티커를 받자마자 도망치듯 떠났습니다. 잠시 기분 나빴던 걸 잊을

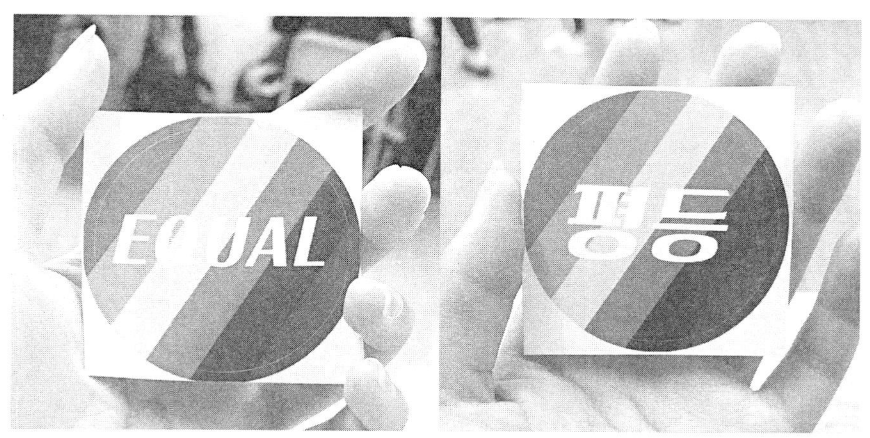

국제 성소수자 혐오 반대의 날에 무지개 바탕에 동아리 이름과
"평등"이 인쇄된 스티커를 만들어 배포했다.

정도로 속이 후련했습니다.

카드 뉴스 전시 기간이 짧아서 스티커가 꽤 많이 남아 곤란해하던 중, 동료에게 좋은 권유를 받았습니다. 자신이 활동하는 청소년 인권단체에서 집회를 개최하는데, 혹시 부스를 운영해 보지 않겠냐고 말입니다. 2018년 6월 2일, 경남 창원 상남분수광장에서 열리는 〈들어라, 청소년의 목소리를〉이라는 이름의 집회였습니다. 더운 여름 낮의 야외 집회에서 판매할 만한, 성소수자를 상징하는 비싸지 않은 아이템이 무엇이 있을까 부원들과 상의했습니다. 역시 무지개가 정석이라고 생각했으나 무지개를 어디에 어떻게 표현할지가 문제였습니다. 티셔츠를 제작해 입기엔 날이 너무 더웠고, 배지는 대량으로 제작하지 않으면 단가가 너무 높았습니다. 스티커라면 차고 넘치도록 많았지만 판매하기엔 디자인이 허술한 느낌이 들었습니다. 그때 타투 스티커가 떠올랐습니다. 많은 사람들이 패션 아이템으로 사용하고, 덥지도 않으며, 비싸지도 않고, 디자인도 충실한 타투 스티커라면 괜찮겠다 싶었습니다. 그날 이후 타투들과 타투 스티커 제작 업체를 살펴보며 이퀄에서만 볼 수 있는 타투 스티커 디자인을 만들었습니다. 집회 당일, 이퀄은 "퀴어가 세상을 지배한다"라는 문구를 내걸고 집회에 참가한 이들에게 스티커를 나누어 주고 타투 스티커로 무지개를 입혔습니다. 사실 그 타투 스티커는 인기가 너무 많아 집회 전에 학교에서 먼저 판매하기도 했습니다.

저는 집회 풍경을 상세히 기억합니다. 그날은 무척 더웠고 처음 꾸려 본 부스는 정신이 하나도 없었습니다. 그늘로 숨어들지 않고 뜨거

운 태양에 당당히 맞서는 집회 스태프들과 얼음물로 몸을 식히며 부스를 지키는 사람들, 서로 교대해 가며 홍보해 주는 부원들, 얼굴이나 쇄골, 팔목에 무지개를 하나씩 달고서 환하게 웃는 사람들을 절대 잊지 못합니다. 끝장나게 더웠고, 끝장나게 화끈했습니다. 기온이 높아 숨을 쉬기 힘들었지만 가슴만큼은 편안했습니다. '여기 있어도 된다'는 느낌, 그날 처음 경험한 그 느낌은 눈물이 날 정도로 귀하고 달콤한 것이었습니다. 6월 2일, 그날 하루만큼은 사람들에게 성소수자는 더러운 것이 아니었습니다.

우리의 존재를 지우지 마세요

2018년 10월 열리는 부산 퀴어문화축제의 홍보 포스터가 SNS에 올라온 것을 보고, 우리는 학교에서 소리를 지를 만큼 열광했습니다. 이 근방 퀴어들이 두 손 두 발 모두 모아 기다린 그날이 드디어 정해졌다는 것이니까요. 마음이 들떠 가만히 있을 수가 없었습니다. 이런 영광스러운 곳에 혼자 갈 수는 없다고 생각했던 저는 쉬는 시간이 되자마자 당장 교무실로 뛰어가서 컬러 프린터가 연결된 컴퓨터 앞에 앉아 포스터를 뽑기 시작했습니다. 괜한 데 종이, 잉크 낭비하지 말라는 꼰대 교사들의 말은 귓가에 들리지도 않았습니다. 학교 곳곳 잘 보이는 곳에다 포스터를 자랑스럽게 붙여 놓았습니다. 만약 이 포스터를 보고 퀴어문화축제에 가 보려는 사람이 있다면 함께 가고 싶었습니다.

2017년, 제 첫 퀴어문화축제는 즐거웠지만 조금 많이 두려웠습니다. 부산 퀴어문화축제 현장 바깥쪽에선 스피커를 주렁주렁 달고 "동성애는 어쩌구 저쩌구 죄악이다 어쩌구저쩌구" 하는 음성을 내보내는 자동차도 있었고, 힘세 보이는 중년의 사람들이 피켓을 들고 우리에게 말을 걸기도 했습니다. 축제 바깥쪽을 지나다니려면 그런 혐오 세력과 마주칠 수밖에 없었는데, 머리부터 발끝까지 여섯 빛깔 무지개로 범벅이 된 여성 청소년은 시비 걸기 딱 좋은 대상이었나 봅니다. 경찰은 그저 먼 허공만을 바라보며 서 있었고, 저는 무기력한 경찰들에게 도움을 요청하지도 못했습니다.

게다가 제2회 부산 퀴어문화축제는, '2018 레알러브시민축제'라는 이름을 단 성소수자 혐오 기독교인들의 행사 장소를 지나쳐야만 참가할 수 있었습니다. 원래는 부산 퀴어문화축제로 온전히 쓰여야 했을 해운대 구남로 광장이 바다 쪽은 퀴어문화축제 구역으로, 해운대역 쪽은 레알러브시민축제 구역으로 나뉜 탓이었습니다. 홀로 혐오 세력 가득한 위협적인 장소를 뚫고 퀴어문화축제 구역으로 가는 일은 꽤 난도가 높을 것 같았습니다. 저는 학교에서 함께 갈 사람들을 모음으로써, 퀴어문화축제에 참가하고 싶은 마음은 있지만 주저하거나 고민하고 있는 이의 손을 이끌고 함께 가고 싶었습니다. 물론 함께 간다면 더 재미있기도 할 테고요.

하지만 제 이상적인 계획도 구남로 광장처럼 반 토막이 났습니다. 동아리 담당 교사에게 교무실로 불려 간 저는 교내에 부착한 포스터를 모조리 떼라고 명령하는 교장의 말을 제일 먼저 들었습니다. '내가 왜?'라는 생각이 제일 먼저 들었고, 두 번째로는 '엿 먹어'라는 생각이 들었습니다. 따져 묻고 싶었지만, 가운데 긴 동아리 담당 교사의 처지를 생각해 교장이 다닐 법한 길목의 포스터만 제거했습니다. 교장은 1, 2층만 돌아다니니, 별로 뗄 것도 없었습니다. 떼어 낸 포스터는 각 교실마다 붙여 놓았습니다. 치졸하지만 어쩔 수 없었습니다. 보다 많은 이들이 퀴어문화축제를 즐겨야 하니까요. 더 높은 층에 붙여 놓았던 포스터들은 교장은 보지 못했지만, 저보다 더 치졸한 교사들에 의해 떼어졌습니다. 그러나 저는 더더욱 치졸했기에 미리 준비한 여분의 포스터를 가져다가 절대 뗄 수 없도록 테이프로 단단하게 붙였습니다. 그렇게 이퀄은 학교 사람들에게 부산 퀴어문화축제를 알릴 수 있었습니다.

10월 13일, 1년 365일 중 퀴어들이 가장 자유로운 날이 드디어 도래했습니다. 건너편의 혐오 세력은 안중에도 없었고, 빨리 친구들을 만나 웃고 떠들고 퍼레이드를 하고 싶은 마음이 가장 컸습니다. 축제에선 제가 아는 사람들을 많이 만날 수 있었습니다. 평소 좋아하던 유튜버, 학교에서 포스터를 보고 찾아온 학생들, 이퀄 부원들, 활동을 하며 만나게 된 동료들, 심지어 이퀄의 예비 담당 교사까지. 부산 퀴어문화축제의 규모는 전해보다 훨씬 커졌고, 축제에는 정말 많은 이들이 함께했습니다. 부스 운영자분이 "퀴어세요?"라고 물어보면 우리는 자랑스럽게 "네!" 하고 소리쳤습니다. 우리는 초면이었지만 서로를 이해할 수 있었습니다. 길고 긴 무지개 속 행렬에 있으면 내가 나로 있는 것이 너무나 자연스러웠습니다. 마치 바다가 파도치는 것처럼, 내가 나인 것처럼요. 맞지 않는 자리에 끼워져 있는 퍼즐 같았던 저는 그곳엔 존재하지 않았습니다. 나를 거부하던 이들이 전부 깊은 파도 속에 삼켜진 것 같았습니다.

그렇지만 1년만의 축제가 마냥 좋기만 한 것은 아니었습니다. 해운대구청에서는 부산 퀴어문화축제에 공공질서 유지를 위해서라며 도로 점용을 불허했습니다. 구남로 광장에서는 빛 축제나 트리 축제 등 수많은 축제들이 열리곤 하지만, '퀴어문화축제'가 열릴 자리는 없다는 것이지요. 많은 이들이 이런 답을 내놓은 해운대구청에 분노했습니다. 부산 퀴어문화축제가 끝난 저녁에도 분노와 열기는 식지 않아 〈이어져라 무지개 파도 — 전국 퀴어 총궐기〉에 모인 사람들은 해운대구청 앞에서 소리쳤습니다. 저도 그중에 있었습니다. 어두컴컴한 해운대구청 앞에서 조명 하나로 빛을 밝히며 차가운 돌바닥에 앉은 사람들은 다양한 이야기를 했지만, 결국엔 모두 똑같은 요구였습니다. 내 존재를 지우지 말아 달라고. 우리를 부정하지 말라고. 작은 마이크와 스피커에서 나오는 목소리는 하루 내내 들려오던 혐오 세력의 것보다 훨씬 작고 약한 듯했습니다. 집회 도중 혐오 세력이 난입하기도 했습니다. 집회 참여자들이 들려주는 고운 노랫소리도 그저 서글프기만 했습니다. 저만 그렇게 느낀 건 아니었나 봅니다. 즐거웠던 오늘 하루가 끝나는 것이 못내 서러워 우는 사람도, 퀴어의 자리를 지워 버리는 현실에 화가 나 욕을 하는 사람도 있었습니다. 사람들의 울분 섞인 목소리가 그들에게 들렸을까요? 제가

제2회 부산 퀴어문화축제 포스터와 현장 모습

뱉은 욕설도 들었을까요? 들렸다면 답을 줘야 하는데, 해운대구청은 대답하지 않았습니다. 그들은 다음 해인 2019년, 제3회 부산 퀴어문화축제에서도 도로 점용을 불허했습니다. 그래서, 그렇기에, 그럼에도 불구하고 우리는 계속 말합니다. 그들의 귀 바로 옆에서 계속 소리칩니다.

퀴어는 존재한다고, 우리는 여기 있다고.

하지만 저는 지워졌습니다

보람차고 행복한 일들만 있었던 것은 아닙니다. 1학년 때부터 저를 욕하던 이들은 고스란히 교실에 있었으며, 제가 성소수자인권 동아리를 만들자 '자기가 성소수자니까 자기 인권 챙기려고 만들었다, 이기적이다'라고 말하는 이들도 있었습니다. 남들의 시선을 신경 쓰지 않고 제 갈 길만 간다며 "마이웨이"라는 별명을 얻었던 저는 고등학교 2학년이 되어선 급속도로 소심해져 갔습니다. 어느새 '나'는 사라지고 '동성애자'인 나만 남아 있었습니다.

어느 날, 이퀄이 아닌 다른 동아리에서 같이 활동하던 1학년 학생이 저의 성적 지향성 등에 대한 이야기를 하고 다닌다는 말을 듣게 됐습니다. 처음에는 믿지 않았지만, 그가 제 이야기를 하고 다녔다는 증거를 보게 되었고, 모르는 이들에게 제 욕을 하고 다닌 정황도 발견되었습니다. 저는 자신을 보호하기 위해서라도 제대로 처벌하기로 결심하고 증거를 모았습니다. 스트레스로 머리카락이 숭덩숭덩 빠지고 먹은 것을 모조리 토해 내는 저를 보고, 제 친권자는 "더 힘들게 되니 그만하자"라고 걱정스레 말하기도 했습니다. 그러나 저는 제 일을 귀찮아하는 교사들의 태도를 보며 학교폭력위원회에 사건 처리를 요청하기로 마음을 굳혔습니다. 학교가 형식적으로라도 저를 생각하고 보호해 주길 원했기에 한 선택이었습니다.

하지만 결과는 완패였습니다. 제가 모은 증거들은 제가 그런 말을 듣고도 아무렇지 않을 수 있다는 증거가 되었고, 학교폭력위원회 위원들은 제게 질문을 퍼부었습니다. "그러게 왜 여자랑 그렇게 붙어 다니냐", "그래서 진짜로 동성애자가 맞냐"와 같은 악의 섞인 질문들을 듣기도 했습니다. 그들은 제게 '피해자다움'을 요구했습니다. 힘없이, 서글프게, 소심하게, 울면서 답해야만 그들에게 인정받고 그들을 만족시킬 수 있었습니다. 당당하고 침착하게 사건을 설명하다가 그런 분위기를 느끼자 무력감이 몰려왔습니다. 교사들은 "가해자의 미래를 생각해서라도 봐줘라"라고 말했고, 학교폭력위원회 담당 교사는 "일커지기 전에 조용히 끝내자"라고 했습니다. 아무도 제 편은 없었고 아무도 제 미래는 신경 써 주지 않았습니다. 2시간이 넘는 논의 후 위원회는 결국 '가해자는 악의가 없었고 다신 그러지 않을 것이다'라는 결론을 내렸고, 가해자의 친권자가 '한 번 더 이런 일이 생기면 전부 배상하겠다'라는 아무 효능 없는 각서를 쓰고 허무하게 마무리되었습니다. 기운이 다 빠질 정도로 노력했지만 달라진 것은 아무것도 없었습니다. 딱 하나 달라진 점은, 제가 그 이후로 학교에 다닐 수 없게 된 것입니다.

　누군가 제 등교를 막았다거나 한 것은 아닙니다. 다들 제가 학교에 오길 원하고 함께 수업을 듣길 원한다고 담임 교사는 말했습니다. 하지만 저는 학교 복도를 걸을 때 사방을 살피며 다른 사람들의 시선을 의식했습니다. 제 이름이 불리면 떨었습니다. 책상에 앉으면 이유 없는 압박감에 숨을 쉴 수 없었습니다. 교실에 들어가기가 두려워 상담실만 전전하는 신세가 되었습니다. 상담 교사는 저에게 정신과 상담을 추천했습니다. 비용이 부담되어 고민하고 있던 와중에 교육청에서 지원하는 청소년 정신 건강 증진 프로그램의 지원 대상자가 되어 고액의 심리 검사와 통원 치료를 받을 수 있었습니다.

　그렇게 조금이나마 진정되던 중에 제게 기름을 붓는 사건들이 일어났습니다. 옆 학교 남학생은 제가 레즈비언이라며 전화로 '인증'할 수 있단 소문을 냈고, 다른 여학생은 당시 제가 좋아하던 선배에게 "너희는 어떻게 성관계를 하냐"라는 등 성희롱적 발언을 일삼았습니다. 다른 학생은 제가 남자와 사귀었던 것을 두고 "레즈비언인 거 안 들키려고 위장해서 사귄 거래"라는 말을 하고 다녔고, 또 다른 학생은 칠판에 제 이름과 함께 "이럴 거면 자퇴해라"라고 적어 놓기까지 했습니다. 이 사건은 학교폭력위원회로 지쳐 있던 제 정신을 아웃시키기에 충분했습니다. 그 일들을 겪고 난 뒤 저는 학교에 가지 않았습니다. 정확히는 가지 못했지요. 공황 장애가 생겼기 때문이었습니다. 학교에 가면 누군가가 나를 볼 것이라 생각하니 숨도 쉬지 못할 만큼 무서웠고, 사람들의 얼굴을 보는 것조차 불가능했습니다. 친구들이,

교사들이, 가족들이 돌아설까 두려웠습니다. 2개월간의 등교 거부 끝에, 저는 고등학교를 자퇴할 수 있었습니다.

책임지지 못한 것들

"시작은 창대하지만 끝은 미약하리라"라는 말을 들어 본 적이 있을까요? "시작은 미약하지만 끝은 창대하리라"를 패러디한 문장인데, 저희 동아리의 기승전결은 딱 이 한 문장으로 압축됩니다. 동아리 회장이었던 제가 자퇴하게 되자 성소수자인권 동아리 이퀄은 순식간에 무너져 내렸습니다. 부회장이었던 상급생은 곧 졸업이라 동아리에 흥미가 없었고 실질적인 동아리 운영은 제가 모두 책임지고 있었기에, 동아리 내부 사정에 대해 잘 알지 못하던 다른 부원에게 갑자기 권한을 일임하기도 곤란했습니다. 내심 동아리를 맡아 주길 기대했던 2학년 학생들은 이듬해에 입시 전쟁을 치러야 하기에 '회장'이라는 단어에 부담감을 느꼈습니다. 1학년 학생들도 회장이라는 자리에 부담감을 느끼는 것은 마찬가지였습니다.

사실 이퀄은 해야 할 것들이 쌓여 있었습니다. 이퀄의 목표였던 학교 내 성소수자 인식 개선부터 시작해서 세 번의 카드 뉴스와 두 번의 캠페인, 두 편의 감상문 작성 활동이 계획되어 있었지만 끝마치지 못했습니다. 제가 해야만 하는 것들이었지만 저는 지쳐 포기해 버렸습니다. 이퀄의 부원들은 끝없이 무언가를 하자고 제안하던 저를 항상 믿고 지지해 주었습니다. 좋은 아이디어는 좋다고 하고, 별로인 아이디어는 머리를 맞대며 함께 고민해 주었습니다. 이퀄의 부원들과 처음 만났을 때, 저는 "우리 학교가 무지갯빛으로 빛나게 만들어 보자"라고 당차게 소리쳤으나, 그렇게 소리친 것이 민망할 정도로 저는 무책임했습니다. 우리 학교가 무지갯빛이었던 적이 존재하긴 했던지 의심부터 듭니다. 몇 년이 지난 지금까지도 제가 망친 동아리 이퀄과 동아리 부원들에게 저는 죄책감을 느낍니다.

애초에 무리였던 것이 아닌가 하는 생각도 들었습니다. 저 하나도 책임지지 못한 제가 학교 전체의 분위기를 바꾸겠다니, 당치도 않은 일이었을지도 모릅니다. 그렇지만 그건 단지 저 자신의 마음에 달린 문제일 수도 있습니다. 적어도 열일곱 살의 저에겐 할 수 있을 것이란 확신이 분명 존재했습니다. 온갖 혐오를 경험한 열여덟 살의 저에겐 그런 확신이 사라졌던 것입니다.

격렬한 파도 이후 밀려오는 모래처럼

스무 살이 된 저는 지금도 얼굴도 모르는 이들의 안줏감이 되고 술 취한 친구들에게 종종 '성소수자 인증' 연락이 오기도 합니다. 대부분 "네가 동성애자라고 들었는데 맞느냐"라는 똑같은 레퍼토리입니다. 저는 어떻게든 최대한 잘 말해 보려 노력하지만, 그런 연락이 온 날이면 내가 한 답이 적절했을까 고민하며 잠을 설칩니다.

저는 지금까지도 누군가 저를 알아보는 것이 두려워 외출 시엔 꼭 모자와 마스크를 쓰고 웅크리고 다닙니다. 사람의 눈을 보는 것이 두려워 시선을 바닥에 두고 걷다가 넘어지는 게 일상이 됐습니다. 병원이나 약국에서는 이름이 불릴 때를 대비해 모자와 마스크로 최대한 얼굴을 가리고 구석진 곳으로 숨습니다. 손목엔 아직도 자해로 인한 상처들이 있어 실내에서도 긴소매 옷을 입고 있습니다. 누군가 저를 보고 '쟤는 저렇게 한심하게 사네'라고 생각할까 무섭습니다. 술자리의 이야깃거리가 떨어져 갈 때 즈음 떠오르는 존재로 사는 것도, 테이블에서 광콩 껍질처럼 술술 까이는 것도 지겹습니다. "남자 맛을 못 봐서 그런 거니 내가 한번 맛보여 주면 달라진다"라는 음담패설을 질리도록 들었습니다. 저는 그런 것이 당연한 줄로만 알았습니다. 왜냐하면 저는 지역에서 이름만 대면 아는 유명한 '레즈년'이기 때문입니다.

그럼에도 이젠 그런 못된 말들을 듣는 것이 당연하다고 생각하지 않습니다. 저 스스로를 욕을 먹어도 싼 존재라고, 이렇게 사는 것이 그나마 나은 것이라고 생각하지도 않습니다. 새로운 사람을 만나면 커밍아웃부터 하고 시작하고 있으며, 저를 모욕하는 것은 저와 같은 성소수자 동료들까지 모욕하는 것임을, 지금의 저는 알고 있습니다. 성소수자로 살아가다 위협을 겪고 학교에서 도망친 지 1년이 넘게 지난 지금, 많은 것들이 바뀌었다고 알려 주는 사람들이 있습니다. 저 대신 학교에 남아 있는 이들입니다. 그들은 학교에 없는 저에게 이제는 학생과 교사들이 근거 없는 소문을 믿지 않고, 학교의 분위기가 조금 더 '퀴어 프렌들리' 하게 바뀌었다고 알려 줍니다. 퀴어 커뮤니티가 더욱 활발해졌고, 커밍아웃을 하는 일도 많아졌다고 합니다. 사람들이 아웃팅은 범죄라는 사실을 인식하기 시작했습니다. 제가 다시 입학하고 싶을 정도로 학교는 많이 바뀌었습니다. 가끔은 지금의 학생들이 부럽고 저 혼자 힘든 일들을 겪은 게 억울하기도 합니다. 이퀄이라는 동아리를 지금 만들어 운영했으면 어땠을까 생각하기도 합니다. 하지만 그 시간에 이퀄이 존재했기에 성소수자에 대한 혐오와 차별이 심각한 문제라는 것을 인지할 수 있었고 과거의 지표인 이퀄이 있었기에 현재의 상황이 나아진 것이라고 말해 주는 동료들이 있어, 후회가 사라지고 대신 보람이 가득 들어찹니다.

사람들은 이성이기에 우정을 사랑으로 착각할 때가 많고 동성이기에 사랑을 우정으로 착각하는 경우가 많다고들 합니다. 지금의 학교는 그것이 착각이란 것을 깨달을 겨를조차, 자신의 정체성이나 지향성에 혼란을 느끼고 고민할 시간조차 주지 않는 것 같지만요. 그들은 아직도 소수자의 위치에서 차별받으며 살아가고 있을 것이라 생각합니다. 하지만 저는 그들이 성소수자임에 당당하고 행복하게 살 것이라고 믿습니다. 저는 평생 성소수자로 살 것이고 이것을 숨길 마음도 없습니다. 저는 제가 부끄럽지 않습니다. 가끔씩은 제가 성소수자라서 다행이라고 생각합니다. 다수가 아닌 소수자의 편에 서서 연대하고 말할 수 있음에 기쁨을 느낍니다.

혹시 당신은 성소수자인가요? 만약 성소수자라면 당신은 숨고 있나요? 아니면 두려워하고 있나요? 지금 당신은 행복한가요? 우리 모두가 그렇듯 당신은 특별한 존재이기도, 아니기도 합니다. 누군가가 태어났다는 것은 특별한 의미가 있지만 당신이 그랬고 제가 그랬듯이 누군가의 지향성이나 정체성은 그저 당연한 것입니다. 당신이 어떤 존재로 살든, 어떤 존재와 함께하든 누구도 당신에게 이래라저래라 할 수 없다는 것이지요. 저는 모든 이가 어떤 성별이든, 어떤 옷을 입었든, 누구를 사랑하든, 어떤 것을 좋아하든 항상 안전하고 행복하길 원합니다. 불행하다고 생각할 겨를조차 없을 만큼 넓고 깊은 행복의 늪에 빠져 살았으면 좋겠습니다.

/

이름은 잊히고
행동은
기억되어야 합니다

/

이란에서 온 친구의 추방을 막기 위해 싸우다

김지유 jenny5492@naver.com

중학생 때 옆 반 친구의 난민 인정을 도우며 사회의 어두운 이면과 마주치게 되었고, 그 이후로 그곳에 작은 빛을 비추고자 노력하는 '평범한' 고등학교 2학년 학생입니다. 2018년, 중학생인 우리들은 어렸지만, 마음만큼은 누구보다 성숙했습니다.

친구가 우리나라에서 쫓겨난다고?

＼

외모는 누가 봐도 외국인이지만 얼굴을 가리고 대화하면 누가 한국인이고 누가 외국인인지 모를, 여느 한국인 친구들과 전혀 다를 바 없는 민혁이. 민혁이는 일곱 살 때 아버지를 따라 이란에서 한국으로 왔다. 한국에서 학교를 다니고 한국 문화에 적응하여 살고 있던 민혁이는 어느 날 친구를 따라 교회에 가게 되었다. 우리나라에서는 종교의 자유가 보장되고 친구를 따라 교회에 가는 일이 흔히 있다. 그러나 이슬람 국가인 이란에서는 개종이 반역죄에 해당하는 중범죄이다. 초등학생의 어린 민혁이는 이슬람교, 개종, 반역과 같은 단어들을 이해할 수 없었다. 이란에 있는 가족들에게 교회를 다녀왔다는 사실이 알려진 후에 연락도 두절되었다. 민혁이는 본국에 안 가는 것이 아니라 못 가게 되었다. 그래서 민혁이와 아버지는 종교적인 이유로 난민 신청을 했다.

학교에 민혁이의 소식이 알려진 건 2018년 6월 초였다. 민혁이의 난민 소송이 대법원에서 패소한 직후였다. 나는 그때까지 아무것도 몰랐다. 민혁이가 난민이었던 것도, 그것 때문에 소송 중이었던 것도. 나중에야 알게 된 사실이지만 난민들은 스스로가 난민이란 걸 밝히는 것을 두려워한다. 우리 사회에서 난민이 슬픈 이름이 아닌 수치스러운 이름이 돼 버렸다는 것을 그들도 잘 알고 있기 때문이 아닐까?
대법원에서 졌다는데, 도무지 친구를 도울 방법이 생각나지 않았다.
10월이면 민혁이의 비자가 만료돼 우리나라를 떠나야 했다. 우리는
슬픔 속에서 우왕좌왕했다. 그리고 곧 기말고사 기간이 닥쳐왔다. 시
험공부를 하느라고 보내는 한 달, 시간은 속절없이 흘러만 가고 있
었다. 아니 속절없이 흐르기만 한 게 아니라, 운명처럼 큰 파도에 실려
무섭게 달려가고 있었다.

그런데 조용히 준비를 하고 계신 분이 있었다. 민혁이의 옆 반 담임
인 국어 선생님이었다. 난민인권센터를 찾아가 마지막으로 난민 지위
재신청이란 방법이 남아 있다는 것을 알아내고, 민혁이를 변호해 줄
공익 로펌을 연결하고, 기자들에게 이 일에 대해 알리고, 우리의 기말
고사가 끝나기만을 기다리고 계셨던 선생님. 시험이 끝난 다음 날 국
어, 사회, 역사 선생님 세 분이 교실마다 돌며 민혁이의 사연을 전해
주셨다. 선생님들 덕분에 우리는 2,000쪽에 달하는 민혁이의 소송 자
료를 이해할 수 있었다.

난민 신청은 법무부 출입국·외국인청에 하고 거기서 인정받지 못
하면 행정 소송을 한다. 민혁이는 출입국청에서 불인정돼 소송으로
간 끝에 1심에서 승소하고 2심에서 패소한 뒤, 3심인 대법원에서 심리
불속행기각 처리가 되었다. 그런데 출입국청의 불인정 사유부터가 문
제였다. 이슬람교에 대해 묻고선 기독교 교리를 잘 몰라 기독교인으로
서의 정체성이 의심된다고 써 놓았으니 말이다. 민혁이는 일곱 살에
한국으로 왔기 때문에 이슬람교에 대해서는 잘 모른다. 그런데 자꾸

이슬람교에 대해 물어보고선 대답을 못 하자 사유서에 기독교 교리를 모른다고 써 놓은 것이었다. 기가 막히는 일이었다. 2심 재판에선 이란에서 기독교인이라도 주목받을 행위를 하지 않으면 박해받지 않는다는 출입국청 주장에 재판부가 손을 들어 주었다. 이란 사회에 대해 몰라도 너무 모르는 엉터리 법 적용이었다. 이란에선 무슬림의 기독교 개종이 심한 경우 사형을 선고받을 수도 있는 중범죄이기 때문에 태어날 때부터 기독교인인 사람과 무슬림으로 태어났으나 기독교로 개종한 사람과의 차이는 하늘과 땅 차이이다. 더 황당한 것은 3심인 대법원이었다. 아예 재판조차 열지 않았다. 1심과 2심의 결과가 다르고 사람의 목숨이 걸린 사안에 대해 심리불속행기각 처리를 해 버린 것이었다. 심리불속행기각은 중요하다고 생각되지 않는 소송은 재판을 열지 않고 기각시켜 2심의 결정대로 따르게 하는 것인데, 우리나라 소송의 70~80%가 심리불속행기각 처리가 된다고 한다.

나는 분노했다. 억울했다. 공정하게 심사만 받으면 살릴 수 있는 친구의 목숨이 편견과 부주의 속에 짓밟히고 있었다. 그래서 나는 함께 싸우기로 결심했다.

반난민의 바람 속에서

첫 시작은 막막하기만 했다. 난민에 대한 지식이라곤 전혀 없었고, 매일같이 뉴스에서 들려오는 예멘 난민 이야기만 머릿속에 어렴풋이 남아 있었을 뿐이었다. 그래서 나는 공부를 하기 시작했다. 난민이 발생하는 배경과 종교적인 관련성, 민혁이의 판결문까지. 주어진 시간이 얼마 없었기에 한 사람이 공부해 온 자료를 모두에게 나누기도 했다. 학교가 끝나는 시간은 3시. 우리는 몇 주간 7시까지 선생님과 함께 학교에 남아 민혁이를 지켜 내기 위한 고민 속에 빠져 있었다.

동시에 학생회도 소집되었다. 다양한 아이디어들이 나왔다. 청와대 국민청원과 출입국청 앞에서의 시위로 의견이 모아졌다. 밀실 심사가 아닌 공정한 심사가 되기 위해선 사회적인 여론화가 필요했기 때문이다. 그러나 방학식까지 남은 기간은 고작 열흘. 방학이 되고 나면 학생들은 뿔뿔이 흩어질 것이었다. 시간을 쪼개 피켓을 만들면서 먼저 학부모 총회가 추진되었다. 비상 연락망을 만들고 시위 계획도 함께 공유했다. '이게 가능할까?' 당시 분위기는 그랬던 것 같다. 부모님도 교회도 성당도 대부분의 선생님들도.

비관주의를 깨는 것은 실천이다. 한 발 한 발 부딪쳐 나갈 때 무력감에 젖은 사람들이 따라 나서는 것이다. 우리는 청와대 국민청원 게시판에 청원을 올렸다. 그리고 바로 그날 기사가 뜨기 시작했다. 여러 신문사와 방송국이 움직이기 시작했다. 학교로 방송 카메라가 들이닥쳤다. 국어 선생님은 교장실에 하루에 네다섯 번씩 불려 가셨다. 학교는 다음 날부터 학교 취재를 막았다. 기자들은 교문 앞에서 발을 돌려야 했다. 20만 명 청원을 위해선 언론의 도움이 필요한데, 정말 어이없는 상황이었다. 우리의 몸부림에도 청원 숫자는 늘지 않았다. 우리가 아는 사람이라 봐야 얼마나 될까? 최종 청원 인원은 겨우 3만여 명이었다. 난민 반대 청원은 70만 명이었는데. 3 대 70의 싸움이었던 것이다.

우리의 사연이 실린 기사들에는 악플들이 쏟아졌다. 악플과 사실이 아닌 수많은 루머들이 우리의 순수한 열정을 가로막았다. 비슷한 시기에 무사증 입국을 통해 제주도로 들어온 500여 명의 예멘 난민 문제가 이슈로 떠오르고, 이어 그들에 대한 가짜 뉴스가 떠돌았다. 가짜 뉴스의 파장은 컸고, 우리나라의 많은 사람들에게 난민에 대한 부정적인 첫인상을 남긴 듯했다. 민혁이와 함께한 학생들은 악플을 보고 큰 상처를 받았다. '내가 낸 세금으로 왜 난민을 먹여 살려야 해?', '선생들이 학생들을 선동해 동정심을 얻으려는 거다', '어린 학생들이 학교에서 공부는 안 하고 집회를 한다는 것부터 잘못됐다', 그리고 수많은 욕설들. 나이가 어리다는 이유로 우리를 무시하는 글들도 많았다. 그저 우리보다 나이가 많다는 이유로 더 많은 것을 아는 것처럼 이야기했고, 우리는 아무것도 모르는 어린아이 취급을 당해야만 했다. 사람들이 기사에 실린 우리의 이야기를 조금만 자세히 읽어 주었더라면 그렇게 상처 줄 일은 없었을 것이다. 하지만 기사에 나온 이란 난민 중학생의 이야기 중 '난민'이라는 단어만 그들의 눈에 강렬히 들어온 듯했다.

함께하는 것만으로 위로가 되던 날들

시위를 조직하는 일도 힘겨운 일이었다. 학교와 서울시교육청에는 항의 전화가 걸려 오고 교육청에 우리를 돕지 말라는 민원도 접수되었다. 선생님들과 부모님들이 동요하니 학생들도 위축되었다. 우리 단톡방 가입자 수가 140명이 넘는데 실제 시위 참가자는 43명이었다. 국어 선생님께서는 모니터링한 결과를 가지고 "댓글을 다는 사람은 댓글만 달고 전화를 하는 사람은 전화만 하며 민원을 내는 사람은 민원만 내는 사람이다. 실제 숫자가 몇 안 되며 송파구 주민도 아니다" 하며 우리를 안심시키셨다. 우리의 활동을 방해하는 교장 선생님의 행동이야말로 민혁이를 위험에 빠트리는 일이라고 하시며 교장 선생님과도 부딪치셨다. 그러던 중 마침내 서울시교육청에서 우리들의 행동을 지지한다는 교육감의 서한이 왔다. 그리고 출입국청 앞 시위 당일, 교육감이 우리들을 격려하고자 취재진을 이끌고 직접 우리 학교를 방문하셨다. 선생님과 부모님 들이 걱정하시던 우리의 시위에 정당성과 합법성이 부여된 것이었다. 학교의 불안과 동요가 수그러들었다. 학교와 부모님에 의해 위축되어 있던 학생들도 적극적으로 민혁이를 돕기 시작했다. 가장 가까이에 있는 사람들이 우리들의 행동을 지지해 주니 모두가 용기를 얻었다. 서로 말하지 않아도 느낄 수 있었다. 모두가 두려움에 맞설 준비가 되었다는 것을. 7월 19일 방학식을 한 날, 우리는 햄버거로 배를 채우고 출입국청으로 향했다. 민혁이가 난민 지위 재신청을 하는 날이었다.

2018년 7월 19일, 우리는 출입국·외국인청 앞에 모여 시위를 했다.

지하철을 갈아타고 버스를 타고 가야 하는 목동의 출입국청. 날은 미친 듯이 더웠고 기자들의 카메라 플래시 때문에 눈이 너무 부셨다. 우리와 동행한 선생님 세 분, 학부모님 다섯 분이 연신 물을 날라다 주셨다. 민혁이를 잘 알지는 못하지만 같은 학교를 다니는 형, 오빠, 선배이니 시위에 함께하겠다고 나선 1, 2학년 후배들이 내 눈에는 그저 기특하게만 보였다. 3학년들은 사비로 물과 음료수를 사 그런 후배들에게 나누어 주었다. 서로에 대해 잘은 모르지만 그저 함께한 것만으로도 위로가 되었다. 구호 하나 없이 진행된, 학부모님이 준비해 주신 현수막과 친구가 준비한 기타 연주가 위안이라면 위안이었던 2시간짜리 엉성한 집회였다. 끝나고 돌아오면서 이야기를 나눴다. 7시간이나 기다려야 가능했던 일 처리가 우리 덕분에 2시간 만에 끝났다고 웃는 민혁이. "오늘 너희가 한 일이 한국 인권운동 역사에 작은 이정표가 될 것이다"라는 선생님의 말씀이 그때는 무슨 의미인지 알 수 없었다.

방학이 되고 학생들은 흩어졌고, 민혁이와 선생님은 출입국청의 추가 서류 요구 때문에 방학 때도 바빴다. MBC, SBS, KBS 지상파 3사의 다큐멘터리 제작은 또다시 촬영 비협조로 돌아선 학교 때문에 무산되었다. 그러던 중 2학기가 시작되었다. 우리는 염수정 추기경님을 찾아갔다. 계속 시위만 할 수는 없었다. 법무부와 출입국청에 대한 사회적 압력이 필요했다. 민혁이가 다니는 성당에서도 적극적으로 나서 함께 추기경님을 만났다. 우리와 접견한 후 추기경님은 빠르게 움직이셨다. 국가인권위원회 위원장과 유엔난민기구 한국 대표를 직접 만나고, 국무총리와 법무부 장관에게 도와달라는 편지를 보내셨다.

또한 교육감은 법무부 장관 면담 요청을 하셨다. 한 차례 무산되자 재차 면담을 요청하며 법무부를 압박하셨다. 올해를 넘길 것 같다던 출입국청이 심사 일정을 잡은 게 이즈음이었다. 10월 5일에 난민 심사를 하겠다고 갑자기 통보를 받았다. 일주일도 안 남은 시간. 우리는 2차 시위를 준비했다. 다행히 청와대로 가서 1인 시위를 하자고 방학 때 미리 계획해 두었다. 릴레이로 하니 20명 정도가 필요하다고 선생님께서 말씀하셨다. 열심히 숫자를 모아 봤지만 최종 인원은 16명. 학생이기에 방학식 날이나 공휴일 외에는 모이기 힘들었다. 그래서 우리는 10월 3일 개천절에 청와대로 향했다. 급하게 낸 보도 자료 탓에 기자도 10여 명밖에 없었다. 대통령도 개천절 행사 때문에 청와대에 안 계셨다. 그래도 상관없었다. 우리가 왔다 간 흔적은 반드시 남을 것이니까. 청와대 비서실에 우리의 편지를 전달했다. 대통령께 10월 5일 전에 전달하겠다는 약속을 받았다. 그걸로 됐다. 우리가 법무부에 가 할 수 있는 압박에 마침표를 찍은 것이었다.

이름은 잊히고 사건은 기억되어야 한다

심사 결과 발표일은 10월 19일. 이틀 전에 예멘인들에 대한 1차 난민 심사 결과가 나왔다. 대부분 1년 인도적 체류, 난민 인정자 0명. 결과 발표일 하루 전날 우리는 회의를 했다. 지금으로선 인도적 체류 결정 가능성이 가장 높은데 어떡하면 좋겠냐고. 민혁이는 인도적 체류

2018년 10월 3일, 청와대 앞마당에서 친구들과 기자 회견을 하고 나서 1인 시위를 했다.

결정에 대해 강하게 거부감을 표시했다. 사실 인도적 체류는 난민 불인정에 해당하는 조치이다. 취업도 허락을 받아야 하고 건강보험에도 가입할 수 없고 여행 비자도 발급받을 수 없는, 1년간 한국에 머무를 기회 정도를 주는 '비인도적' 조치이다.

우리는 싸우기로 마음먹었다. 사람들은 인도적 체류에도 만족 못한다고 우리를 비난할 것이었다. 그래도 싸우자고 결심했다. 인도적 체류 조치가 나오면 바로 법무부에 이의 신청을 해야 한다. 우리가 싸우는 시점은 이의 신청 결과 발표 후가 될 것이라고 생각했다. 그때부터 시작될 긴 소송전에서 이번에는 법원과 싸워야 했다.

그래서 기자들에게 우리는 기자 회견도 안 하고 아무 입장도 내지 않겠다고 말했다. 기자들이 우리에게 만약 결과가 난민 인정으로 나오면 어떻게 하겠느냐고, 그걸 알리는 게 사회적 책무가 아니겠느냐고 물었다. 맞는 말이었지만 방법이 없었다. 그러던 차에 교육청에서 전화가 왔다. 인도적 체류 결정이 나오면 교육청 차원에서 강하게 유감을 표시하겠다고. 교육청에서도 우리에게 부탁을 했다. 인정될 경우를 대비해 입장문을 보내 달라고. 그래서 학생회 입장문이 만들어졌다.

이름은 잊혀지고 사건은 기억되어야 합니다
- 이란 친구의 난민 인정을 환영하며

상상해 봤으면 합니다. 당신이 태아이고 어머니의 국적을 모른다면 어떻게 하시겠습니까? 어머니는 한국인일 수도 있고 미국인일 수도 있지만 시리아인이거나 예멘인, 이란 사람일 수도 있습니다. 그래도 당신은 난민에 대해 반대하며 추방하자고 말할까요?

다행히 운 좋게도 우리는 대한민국에서 태어났습니다. 내전도 없고, 정치적·종교적 자유도 억압되지 않는 나라인 대한민국에 말입니다. 그러니 우리는 '난민은 내 문제가 아니라 너희 문제이니 우리 집을 더럽히지 말라'면서 문을 닫아야 하는 걸까요?

이제 우리는 우리의 친구가 받았던 상처를 치유하고 일상으로 돌아가 편안한 삶을 누리기를 소망합니다. 이란 친구뿐 아니라 그를 돕는 우리 학생들 모두 같은 이유로 잊혀지기를 원합니다. 다만, 여전히 불안한 삶을 살아가고 있을 많은 사람들을 기억했으면 합니다.

그러나 이번 일련의 과정은 기억되어야 합니다. 이제 시작인 난민인권운동의 작은 이정표인 탓에, 팍팍하고 각박한 우리 사회에 던지는 사회적 약자를 위한 위대한 첫 발자국인 탓에, 여전히 세상의 어둠 속에서 빛을 찾고 있는 이름 없는 사람들이 의지할 희망의 한 사례가 되는 탓에.

우리 친구가 난민으로 인정받기까지 참으로 많은 분들이 도움을 주셨습니다. 특히 두 분께 감사드립니다.

조희연 교육감님. 가장 먼저 우리를 찾아와 주셨고 우리와 함께 동행하며 고난을 겪으셨습니다. 7만 교사와 수십만 학생의 수장으로서 우리의 든든한 의지처가 되어 주셨습니다.

염수정 추기경님. 수많은 사람을 만나 우리의 사정을 전해 주셨습니다. 행동하는 믿음이 무엇인지 참 성직자가 무엇인지 몸으로 직접 보여 주셨습니다. 우리는 이분들이 있어 자랑스럽습니다.

그리고 전향적인 난민 인정 결정을 내린 서울출입국청 심사관님께도 경의를 표합니다. 이번 결정이 출입국청이 난민 감별사가 아니라 난민 인권의 파수꾼으로 거듭나는 계기가 되기를 바랍니다.

마지막으로 우리의 친구가 의지하는 하느님, 감사합니다.

2018년 10월 19일
아주중학교 학생회

2018년 10월 19일, 민혁이는 기적적으로 난민 인정을 받았다. 이 사건은 사회의 큰 관심을 끌었고, 우리에게는 인터뷰 요청이 쏟아졌다. 우리는 모든 인터뷰를 거부하고 그간의 활동에 대한 정리 작업과 이제 남은 과제인 민혁이의 아버지 재판 문제에 집중하기로 했다.

난민이라는 게 이렇게 만들어지는구나

민혁이 아버지의 재판을 위해서 학생과 교사의 탄원서를 조직했다. 아쉽게도 탄원서를 받는 과정은 순탄치 않았다. 학생들 중 절반 정도와 선생님들 중 3/4 정도만 탄원에 참여했다. 탄원서에 서명하더라도 마지못해 하는 듯한 표정으로 하는 경우도 많았다. '한 다리 건너'라는 말이 실감 나는 상황이었다. 민혁이 본인이 아니고 민혁이 아버지이기 때문에 서명을 하는 것이 내키지 않았던 것이다. 친구이기에, 제자이기에 그동안 우리 활동을 지지해 주었지만 그 이상은 할 수 없다는 보이지 않는 선이 그어져 있는 것 같았다. 며칠씩 탄원서 서명을 연기하다가 냉정하게 '난민이 우리와 무슨 상관이라고?', '나는 난민 수용에 반대야'라는 논리를 펴는 친구들과 선생님들을 보며 나는 마음이 무너져 내렸다. 민혁이는 어땠을까? 선생님께서 말씀하셨다. "정체성이란 게 이렇게 만들어지는구나. 자, 봐라. 누구 못지않게 한국인 같았던 민혁이가 한국 사회에서 지금 이란인 난민으로 만들어지고 있구나"라고.

2월 눈이 많이 내리던 날, 민혁이 아버지는 출입국청에 난민 지위 재신청을 했다. 민혁이와 선생님이 함께 가셨고, 나는 그날 학원에 있었다. 내가 민혁이와 민혁이의 아버지를 돕기 위해 할 수 있는 일은 더 이상 없는 것 같았다. 민혁이는 우리의 친구였기에 주변의 도움과 지지를 얻어 적극적으로 활동할 수 있었지만, 민혁이의 아버지까지 너희가 책임질 수는 없다는 이야기도 들려왔다. 기적처럼 민혁이가 난민으로 인정받았고, 민혁이의 아버지 또한 민혁이와 같은 사유로 난민 지위 재신청을 했기에 우리는 작지 않은 기대를 하고 있었는지도 모른다. 하지만 민혁이의 아버지는 결국 난민으로 인정받지 못했다. 다만 민혁이가 미성년자인 점을 고려해 인도적 체류만을 허가받았다. 민혁이가 성인이 되는 2년 뒤에는 누구도 민혁이 아버지의 안전을 장담할 수 없다.

1년이 넘는 시간이 흘렀지만 상황은 전혀 달라지지 않았다. 오히려 법무부의 〈난민법〉 개정으로 상황이 더 나빠졌는지도 모른다. 난민에 대한 인식 또한 여전히 좋지 않고, 그들에 대한 부정적인 고정관념이 우리 사회에 박혀 버린 것만 같다. 나는 기회가 있을 때마다 민혁이를 비롯한 친구들과 함께 난민 관련 행사에 참여하고, 난민 인권을 알리기 위한 영상이나 방송에 인터뷰이로 참여하는 등의 활동들을 지금도 계속하고 있다. 하지만 아직도 우리에게 학생들이 난민 같은 정치적인 문제에 언급을 할 자격이 없다며 무시하고 비난하는 발언을 하는 사람들이 많이 있다. 사람의 첫인상이 쉽게 바뀌지 않는 것처럼 난민에 대한 첫인상 또한 바뀌기 힘들 것이다.

하지만 나는, 그리고 우리는 포기하지 않을 것이다. 민혁이를 도우며 나는, 난민을 환대하고 싶지만 반대의 목소리가 너무 커 차마 용기를 내지 못하는 사람들도 많이 있다는 것을 깨달았다. 나는 민혁이 아버지가 난민 인정을 받을 때까지, 우리나라에 정착하여 난민 신청을 하였지만 억울하게 인정받지 못한 난민들이 더 이상 나오지 않을 때까지, 그들이 사회를 향해 용기 있게 목소리를 낼 때까지 난민을 환대하고자 하는 이들과 함께 싸울 것이다. 우리의 말과 행동이 이 커다란 사회를 바꿀 수 없다며 무시하고 비난하는 목소리도 많을 것이다. 하지만 나는 민혁이를 도우며 작은 변화들을 느낄 수 있었다. 악플들 사이에서 우리를 향한 응원의 한마디 한마디가 올라오고 있었던 것이다. '어른으로서 부끄럽고 미안합니다. 여러분의 행동을 지지합니다.' '좋은 결과 있을 거예요. 힘내요!' 이 말들이 왜 이렇게 가슴을 먹먹하게 만들었는지 모르겠다. 나는 한 가지를 확신할 수 있었다. 조금은 느리지만 우리 사회가 변화하고 있구나.

우리는 어렸지만 그 누구보다 성숙했다

많은 사람들이 나에게 물었다. 어른들도 하기 어려운 일들을 어떻게 해낼 수 있었는지, 왜 본인 일처럼 나서서 도와줬는지. 나는 그 질문들에 항상 같은 대답을 한다. 혼자가 아닌 함께였기에 해낼 수 있었고 종교나 출신, 모든 다른 상황들을 떠나 친구이기에 도울 수 있었다고. 지금 돌아보면 약 5개월이라는 짧은 기간 동안 일어난 일이었지만 그 당시에는 그 시간이 너무 길게만 느껴졌다. 처음에는 희망도 보이지 않았다. 하지만 여러 사람들의 관심과 도움의 손길이 모여 청와대 국민청원부터 시작할 수 있었고, 결국 민혁이는 난민 지위를 얻게 되었다. 민혁이가 난민 인정을 받은 그날은 이때까지의 모든 수고와 아픔을 위로받고 보상받는 느낌이었다. 날아갈 듯 기뻤고 서로 얼굴만 봐도 웃음이 나왔다.

아무것도 몰랐던 중학생들에게 위험에 처한 친구를 돕는 일은 어쩌면 당연했는지도 모른다. 돌아보면 아는 것이 많이 없었기에 어른들은 불가능하다고 말했던 일에 더욱 무모하게 나설 수 있었던 것 같다. 중학교 1, 2, 3학년의 우리들은 어렸지만 마음만큼은 그 누구보다 성숙했다. 쏟아지는 악플들 속에서 타인을 이해하는 법을 배웠고, 우리와 입장이 반대인 사람들 또한 존중하는 법을 배웠다. 나는 민혁이를 도우며 학교에서는 절대 배울 수 없는 큰 교훈과 가르침을 얻었다. 민혁이를 도왔던 일이 하나의 추억이자 삶의 전환점이 되어 앞으로 사회를 다른 시각으로 바라볼 수 있는 소중한 계기가 되었다.

2부

내일이 아닌
오늘을 살기 위해

/

선거권은
인권이다

/

선거권 연령 하향을 위한 43일의 거리 농성과
청소년 참정권 운동 분투기

김윤송 mahabbat1115@gmail.com

촛불청소년인권법제정연대에서 활동하고 있습니다. 인권을 포함해 어린이·청소년과 관련된 모든 것들에 관심이 많고, 그동안은 청소년 참정권 운동을 가장 많이 해 왔습니다. 올해 한국 나이 열아홉 살이 되었지만 생일이 늦어 2020년 4월 총선에는 참여하지 못했습니다. 자원 걱정 없이 질 높은 고등교육을 받을 수 있게 되는 것이 꿈입니다.

"안녕하세요, 저는 선거권 연령 하향을 요구하며 국회 앞에서 삭발을 하고 43일간의 거리 농성에 함께했던 청소년입니다." 내가 그동안 가장 많이 해 왔던 자기소개이다. 2018년 3월 22일, 그해 6월의 제7회 전국 동시 지방 선거를 앞두고 나를 포함한 청소년 활동가 3명이 선거권 연령 하향을 요구하며 국회 앞에서 삭발 시위를 했다. 그날의 삭발 시위를 시작으로 촛불청소년인권법제정연대 포함 기타 여러 시민사회단체와 연대하여 선거권 연령 하향을 요구하는 43일간의 거리 농성이 진행되었다.

이후로도 나는 그때의 삭발과 농성에 참여했던 청소년이자, 청소년 참정권 운동을 하고 있는 청소년 당사자로서 가끔씩 소환되곤 했다. 나는 2017년 촛불청소년인권법제정연대가 출범했을 때부터 2020년 4월 현재까지도 청소년 당사자로서 할 수 있는 역할들, 그러니까 집회와 기자 회견에서의 발언이나 언론 인터뷰와 같은 일들을 주로 맡아 왔다.

당사자로서의 발언을 많이 해 본 사람들이라면 알겠지만, 결코 쉬운 일이 아니다. 언론과 세상은 항상 나에게 기대하는 무언가가 있었고 운동의 목적을 위해서 내가 해야 하는 말과 할 수 없는 말 역시 대체로 정해져 있었다. 그것들이 서로 충돌하는 일은 잦았으며, 그때마다 적당히 타협하면서도 나름대로의 선을 지키는 것은 순발력

2017년 11월 11일, 〈민주주의 UP 2017 정치 페스티벌〉에 참여하고 사전 집회를 열었다.

이 필요한 일이기도 했다. 나는 거의 항상 기특하거나 발칙한 어린 애로만 소비되었고, 그것을 피할 수 없다면 어떻게 잘 이용할 수 있을지 고민하곤 했다. 여러모로 많은 제한 속에서 당사자 발언을 해 왔지만 나는 항상 나 자신에게 솔직하고 싶었고 그러기 위해서 진심을 다했다.

이번에도 나는 진심을 다하고 싶다. 이 글은 내가 청소년 당사자로서 청소년 참정권 운동을 해 왔던 이야기, 그러면서 보고 겪고 느낀 것들에 대한 이야기가 될 것이다. 그렇지만 글을 읽는 분들이 나를 청소년 당사자 이전에 한 명의 사람으로서 보다 더 집중해 주셨으면 좋겠다. 내가 청소년이라는 사실을 나라는 사람의 전체가 아니라 나라는 사람이 속한 하나의 상황이자 배경으로 바라봐 주셨으면 한다. 물론 나는 청소년이라는 정체성을 가지고 있기도 하지만, 그것만으로 나라는 사람이 정의되진 않기 때문이다.

'청소년인권'이라는 언어를 만나다

2017년 9월에 출범한 촛불청소년인권법제정연대는 특별한 시기적 배경 위어 시작됐다. 박근혜는 이미 탄핵된 후였지만 전국적이고 장기적이었던 대규모 촛불 집회의 열기가 남긴 여운은 여전했다. 그리고 예정보다 일찍 치러진 대선에서 선출된 '촛불 정부'에 대한 기대와 함께 각계각층의 요구들이 터져 나오던 때이기도 했다. 앞서 촛불 집회 당시에는 청소년들의 집회 참여도 많은 이슈가 되었는데, 그것은 평소보다 사람들이 청소년들의 정치 참여를 긍정적으로 바라보게 하는 계기가 되기도 했다.

그러나 청소년들이 정치적인 문제에 목소리를 내고 직접 참여를 하는 것은 이례적인 일이 아니다. 일제 강점기 3.1운동부터 시작해, 4.19혁명, 5.18광주민주화운동, 6월항쟁, 최근의 촛불 집회들까지 역사적인 사건들을 돌아봐도 항상 청소년들이 함께해 왔다. 청소년들이 일궈 온 민주주의 위에서 살아가고 있다고 해도 과언이 아니다. 그럼에도 청소년들은 여전히 그 민주주의를 누리지 못하고 있다. 세상은 늘 어른들만 누려 왔고 어른이 되어서야 누릴 수 있었다. 탄핵은 함께했지만 선거는 함께 할 수 없었고, 청소년들은 여전히 학교를 비롯한 모든 곳에서 비인격적 대우를 받는다. 이제는 달라져야 한다. 그래서 촛불청소년인권법제정연대는 청소년 참정권 보장, 학생인권법 제정, 어린이청소년인권법 제정 3가지 목표를 갖게 됐다.

나는 촛불청소년인권법제정연대가 이미 출범을 준비하고 있던 2017년 여름에 청소년인권운동단체들과 활동가들을 처음 만나게 됐고, 그해 가을쯤부터 좀 더 본격적으로 이런저런 활동들에 함께하게 됐다. 왜 청소년인권에 관심을 갖고 관련된 활동까지 하게 됐는지에 대한 질문은 언론 인터뷰에서도 정말 많이 받아 왔던 것 같다. 2017년까지는 촛불 집회의 열기가 가시지 않아서인지, 평범했던 청소년 A가 세월호 참사와 박근혜-최순실 게이트에 충격받아 촛불 집회에 참가하게 되고 다른 정치적, 사회적 문제에도 관심을 가지게 된 감동적인 스토리를 기대받기도 했었다.

실제로 그러한 계기를 가진 분들도 있었고, 나 역시 당시 박근혜 탄핵 촛불 집회에 참가하기도 했었다. 물론 나라는 개인은 내가 속한 시대의 역사적 사건들과 결코 동떨어질 수 없지만, 세월호 참사나 박근혜 탄핵 사건이 내가 청소년인권운동을 하게 된 계기는 아니었다. 딱히 나에게 특별하거나 결정적인 사건이 있었던 것은 아니었다. 그냥 아주 어릴 때부터 어린 사람으로서 겪는 부당함과 불안전함에 대한 불만과 반발심이 많았다. 어린 사람으로서 받는 차별에 대한 의문은 항상 품고 살던 것이었고, 늘 그 의문들을 설명할 수 있는 언어를 찾으려 애써 왔다. 2017년의 나는 '청소년인권'이란 언어를 찾게 되었을 뿐이다.

"그깟 선거권이 뭐라고" 묻는 사람들에게

2018년 3월 국회 앞 삭발과 농성으로 비교적 많은 주목을 받긴 했지만, 그 이전에도 촛불청소년인권법제정연대는 참정권 관련 활동들을 많이 해 왔었다. 가장 기억에 남는 것은 2017년 12월에 5개 원내 정당 당사를 모두 찾아가 청소년들의 입당 원서를 제출하며 정당에 가입하고 활동할 권리를 외치는 퍼포먼스를 했던 것과, 2018년 2월 300개 국회의원실을 전부 하나씩 방문하여 선거권 연령 하향에 대한 입장을 묻고 참정권을 위해 노력할 것을 당부하거나 요구하는 행동을 했던 것이다.

그렇게 참정권 관련 활동들을 지속해 오던 중, 2018년 6월 지방 선거를 앞두고 좀 더 강한 액션을 취해야 하지 않겠냐는 이야기들이 나왔다. 그게 꼭 농성이어야 하는지에 대해서는 많은 의견들이 있었는데, 나는 선거를 앞두고 아무것도 안 할 수 없다는 의견에 더 많은 동의가 됐던 것 같다. 당시의 나는 개인적으로도 여러모로 힘든 상황에 놓여 있었는데, 그것이 청소년의 참정권 없음과 전혀 무관하지 않다는 것을 온몸으로 체감하고 있었던 때였기 때문이다.

18세 선거권 이슈는 그래도 사회적 인지도도 높은 편이고, 찬성하는 정당과 정치인들도 많은 편이었다. 워낙 오래된 이야기이기도 하고, OECD 국가 대부분의 선거권 연령이 18세를 기준으로 하고 있기 때문이다. 당시 자유한국당만이 반대하고 있었는데, 패스트트랙(신속 처리 안건) 정국에서도 그랬듯 선거법 개정은 여야가 모두 합의해야 하는 것이 관례라는 말을 들먹이곤 했다. 선거 제도는 선거라는 게임에 대한 규칙이기 때문에 어느 한쪽에만 유리하도록 개정되어선 안 된다는 이유였다. 사실 힘센 정당이 자신들에게 불리한 선거 제도는 싫다는 말을 허울 좋게 포장한 것이긴 하지만, 선거권 연령 하향이 단지 선거 제도 개혁만의 문제가 아니라 청소년의 권리와 삶이 달린 문제라는 것이 강조되었으면 했다. 선거권 연령 하향에 찬성하는 정당들도 되면 좋지만 안 된다고 해서 문제 될 것 없는 가벼운 사안으로 여겨기 때문이다. 나중이 아닌 지금 당장 해야 할 시급한 문제, 누군가의 인권과 삶이 달린 절박한 문제라는 것을 표현하기에 삭발과 농성이라는 행위가 적절하다고 생각했다.

실제로 나는 절박했다. 삭발 당시 나는 만 15세였고 선거권 연령이 18세는커녕 16세로 하향된다 하더라도 선거권을 갖지 못할 나이였다. 그럼에도 선거권 연령 고작 한 살 하향이 내 삶과 무관하지 않다고 느꼈던 것은, 청소년에게 선거권이 없는 것은 단순히 투표소에서 도장 하나 찍고 나오는 행위를 할 수 없는 것뿐만 아니라 사회 구성원으로서 인정받지 못하고 모든 사소한 참여들에서까지 배제되는 것과 맞물려 있는 문제이며, 그것이 당시의 내가 겪고 있던 불안전과 차별의 이유였기 때문이다.

그러나 언제 될지도 알 수 없는 선거권 연령 한 살 하향으로 내 삶이 좋아질 거란 기대를 하진 않았다. 애초에 당장 내가 무언가를 누릴 수 있을 것이라고 생각해서 청소년 참정권을 외쳤던 것은 아니었다. 당시 법 통과 가능성은 매우 낮았고 우리는 그것을 모르지 않았다. 심지어는 자유한국당이 국회 보이콧을 하는 바람에 본회의가 열리지도 않았던 터라 내가 청소년일 동안 선거권 연령이 하향되는 모습을 볼 수 있을지도 의문이었다. 하지만 내가 어른이 되고 청소년에게 당연하지 않은 권리를 당연하게 누리는 날이 온다고 해도 어린 시절에 겪었던 수많은 차별과 부당함은 잊을 수 없을 것이라고 확신했다.

그저 필요한 일이라고 생각했고 내가 할 수 있는 일이고 하고 싶어서 했다. 선거권이 뭐라고 그렇게까지 하느냐는 말들이 나를 더 부추겼던 것 같다. 청소년은 삭발할 자유조차 없는 건가 하는 생각까지

2018년 1월 21일, 〈잃어버린 청소년의 참정권을 찾아서〉
대구 동성로 집회에서 날렸던 종이비행기

들었다. 청소년이 어른의 신경을 거스르지 않고 귀엽게 말하는 것이 아닌 과감한 방식으로 말하는 사례를 만드는 것 자체가 도움이 될지도 모른다고 생각했다. 무엇보다 나는 그동안 선거철마다 항상 막연한 불쾌감과 무력감을 느껴 왔었다. 단순히 투표를 하고 싶고 안 하고 싶고의 문제가 아니라 왜 국민 모두의 권리라는 것이 나에겐 없는 건지, 왜 선거인 명부에 내 이름이 없는지, 왜 내 앞으론 선거 공보물이 오지 않는 건지 괘씸했다. 선거와 관련해 이런저런 정보를 찾아보다가도 어차피 선거권도 없는데 뭐 하러 찾아보나 싶어서 무력해지곤 했다. 선거철만 되면 온 세상이 나만 빼고 떠들썩해지는 게 우울했다. 그래서 주제넘은 생각일진 몰라도, 어딘가에서 나와 같은 감정을 느끼는 사람들이 있다면 그들에게 조금이나마 위안이 될 수 있으면 좋겠다고 생각했다.

절반의 성공과 절반의 실패

그렇게 청소년 참정권 농성이 시작되었고, 2018년 3월 22일부터 5월 3일까지, 43일 동안 정말 많은 일들이 있었다. 당시 국회에서 자유한국당만이 선거권 연령 하향을 반대하고 있었기 때문에 자유한국당을 규탄하는 행동들을 끊임없이 이어 갔다. 다 같이 자유한국당 당사 앞에 찾아가 드러눕기도 했고 자유한국당의 행사나 자유한국당 의원이 나타나는 곳을 최대한 찾아다니며 기습 시위를 일삼았다. 뿐만 아니라 국가인권위원회에 긴급 의견 표명을 촉구하기도 했고, 세월호 참사 4주기를 맞아 열린 도보 행진에 함께하기도 했다. 4.19혁명 기념일엔 4.19민주묘지 앞에서 "고교생이 시작한 4.19혁명, 청소년 참정권으로 계승하자"는 제목의 기자 회견을 열기도 했다. 이 외에도 여러 가지 행동들을 쉼 없이 이어 갔고, 모든 게 여느 때보다도 긴박하고 정신없이 돌아갔다.

나 같은 경우 농성 초반엔 특히 언론 인터뷰에 응하느라 바빴다. 사실 전체 뉴스 중에선 그렇게 비중 있는 이야기는 못 됐겠지만, 기자 없는 기자 회견도 종종 해 왔던 입장에서는 기자 회견장에 기자들이 빼곡하게 오고 인터뷰 요청이 쏟아지는 것만으로도 대단한 일이었다. 나는 자유한국당을 규탄하는 것도 중요한 일이라고 생각했지만, 어차피 당시에 법 통과 가능성도 낮았던 터라 언론에 노출되는 일도 못지않게 중요한 일이라고 생각했다. 삭발은 발언대 없는 사람이 한마디라도 더 전달하려고 하는 행동이기도 했으니까. 그래서 언론 인터뷰에 정말 많은 에너지를 쏟았다. 내가 모든 순간 잘했다고 자신할 순 없지만 모든 순간 진심을 다하려 노력했다는 것만큼은 자신할 수 있다. 지금에 와서 돌아보면 할 수 있는 거절도 못 하고 너무 요령 없이 했다는 생각도 들지만.

나는 언론 인터뷰 외에도 집회와 기자 회견에서의 발언이나 정치인들을 면담할 때 청소년 대표로서 발언하는 일, 농성장 손님들을 응대하는 일처럼 사실상 단체 입장을 대표하고 사람들의 주목을 받아야 하는 일을 가장 많이 했다. 매일 여러 명이 돌아가면서 했던 국회 정문 앞 피케팅도 나는 사람이 많은 퇴근 시간대에 했다. 아무래도 삭발한 청소년이자 농성장에 상주하는 사람으로서 당연한 수순이었다. 돌이켜 보면 내가 감당할 수 있는 한계 이상으로 소진되었던 것 같다. 당시에는 함께 고생하는 사람들이 많아서인지 내가 고생한다고 생각을 못 했는데 후유증이 1년 넘게 지속되는 것을 보며 정말 많이 힘들었다는 것을 알게 됐다.

수많은 사람들의 연대와 고생에도 불구하고, 2018년 4월 국회에선 선거권 연령 하향이 통과되지 못했고, 그해 지방 선거에서 청소년의 참여는 무산되고 말았다. 결국 2018년 5월 3일, 자유한국당을 제외한 각 당 원내 대표들과 선거권 연령 하향을 조속히 실현하겠다는 정책 협약식을 괫는 것으로 43일간 지속해 온 농성을 끝내게 되었다.

마침내 도래한 18세 선거권 시대

농성이 끝난 이후에도 우리는 참정권과 관련된 활동들을 멈추지 않았다. 2018년 지방 선거를 앞두고 청소년의 피선거권 등 참정권 보장을 요구하는 '기호 0번 교육감 후보 청소년' 캠페인을 벌이기도 했고, 사전 투표일에는 청소년 참정권을 지지하고 요구하는 유권자들이 교복을 입고 투표소에 입장하는 퍼포먼스를 하기도 했다. 자유한국당이 선거권 연령 하향을 반대하며 '교복 입은 학생이 투표하는 일이 있어선 안 된다'는 망언을 한 것에 대해 교복을 입어도 아무 문제 없다는 것을 보여 주기 위함이었다. 2018년 지방 선거가 끝난 이후에도 핀란드 정치학 박사를 초청한 강연회를 열거나 미국청소년인권협회의 활동가와 함께 간담회를 하는 등 해외 청소년들의 참정권 현실에 대해서도 이야기 나누는 자리를 만들었다.

해가 바뀐 2019년에도 선거권 연령 하향을 반대하는 자유한국당을 규탄하고 선거권 연령 하향이 20대 국회의 신속 과제임을 끊임없이 상기시키는 행동들은 지속되었다. 국회에서 기자 회견을 너무 많이 해서 다들 지겹다고 할 정도였다. 그렇게 2019년 4월 30일, 선거권 연령을 18세로 하향한다는 내용을 포함한 〈공직선거법〉 개정안이 국회에서 패스트트랙으로 지정되었다. 선거권 연령 하향이 패스트트랙으로 지정되었다고 해서 본회의 통과가 확정된 것은 아니었기 때문에, 촛불청소년인권법제정연대에선 '만 18세 선거권을 요구하는 청소년 선언'을 모집하고 패스트트랙 본회의 통과를 촉구하는 기자 회견과 집회를 이어 가는 등 국회를 압박하는 행동들을 멈추지 않았다.

그리고 마침내 2019년 12월 27일, 〈공직선거법〉 개정안이 국회 본회의에서 가결되었다. 연동형 비례 대표제의 취지가 훼손되었다는 점에서 많은 비판을 받기도 했지만, 다행히 선거권 연령을 하향하는 내용은 누락되지 않은 채 무사히 통과되었다. 이로써 2020년 제21대 총선이 청소년과 함께하는 첫 선거가 된 것이다. 당시 나는 집에서 국회 상황을 생중계로 보고 있었는데, 갑작스럽다거나 놀랍게 느껴지진 않았다. 국회에서 〈공직선거법〉 개정안이 패스트트랙으로 지정되었던 게 4월인데, 여러 절차를 거쳐 꽤 오랜 시간이 지난 후에야 12월의 본

2018년 6월 8일, "투표소 교복 입장" 청소년 참정권을 요구하는 유권자 행동.
당시 자유한국당이 '교복 입고 투표해선 안 된다'는 망언을 한 것에 대해,
청소년과 함께 투표하고 싶은 유권자들이 사전 투표일에 교복을 입고 투표소에 입장했다.

회의까지 오게 된 상황이었기 때문이다.

사실 법이 통과되고 나서도 한동안은 그간의 고생들이 많이 떠올라서 마냥 기쁘지가 못했는데, 나와 동갑인 친구들 중에서 생일이 빠른 사람들에게 선거권이 생겼다는 소식을 듣고 조금 기뻐할 수 있게 됐다. 나는 2020년 4월 기준 만 17세로 여전히 선거권이 없고 이번 총선에도 참여하지 못했다. 내가 청소년기 안에 선거권 연령이 하향되는 것을 볼 수 있을까 생각했던 적도 있었는데 18세가 되기도 전에 이런 변화를 보게 된 것을 기뻐해야 하나 싶기도 했고, 처음 촛불청소년인권법제정연대를 만났을 때 만 14세여서 18세 선거권이 까마득하게만 느껴졌는데 지금은 내가 만 18세에서 고작 7개월 모자랄 만큼 시간이 흘렀다는 게 새삼스럽기도 했다.

참정권은 성숙하기 때문에 부여받는 권리가 아니다

선거권 연령이 하향된 이후로 촛불청소년인권법제정연대에 언론들의 인터뷰 요청이 쏟아져 들어왔다. 18세 청소년 유권자를 찾는 경우가 많아서 17세인 나는 다른 18세들에 비하면 인터뷰를 많이 하진 않았다. 그럼에도 여러 번의 인터뷰에 응하며 체감했던 변화는, '왜 선거권 연령이 18세로 하향되어야 하는지'에 대한 질문을 거의 받지 않는다는 것이었다. 법이 통과되기 전까지는 그것이 인터뷰의 필수 질문이었다.

2019년 12월 1일, "내놔라 선거권, 들어라 목소리!"
만 18세 선거권 연령 하향 패스트트랙 본회의 통과 촉구 행동

그때마다 이유를 구구절절 설명하면서도 성인들은 왜 참정권이 있어야 하는지 묻지 않으면서 청소년에게만 묻는 게 차별적이라는 말을 종종 보태곤 했었다. 하지만 이미 18세에게 선거권이 주어진 상황에서는 왜 그들에게 선거권이 필요한지는 무의미한 질문이 된 것이다.

또 아무리 일부라고 해도 만 18세 중에는 고등학생들이 포함된다. 선거권 연령이 하향된 이후 학교 내 모의 선거 허용 여부와 함께 선거 및 정치교육에 대한 필요가 이야기되었다. 무슨 이야기가 됐든 선거권 연령 하향과 관련해 새로운 이야기들이 나오게 됐다는 것이 나는 무척 반가웠다. 선거권 연령이 하향되면서 정당 가입 연령 제한도 자동으로 19세에서 18세로 하향되었다. 이와 함께 대부분의 학교에서 학생들의 정치단체 가입과 정치적인 활동을 제한하고 징계하는 규칙을 갖고 있다는 것이 지적되었다. 이와 관련해서 지난 3월엔 촛불청소년인권법제정연대에서 전국 533개 중·고교의 정치적 권리를 침해하는 규칙들을 조사해서 발표하기도 했다.

18세 선거권은 기존 19세에서 고작 한 살 하향된 것이었지만 분명한 변화였다. 처음 대한민국 정부가 수립된 1948년 당시 선거권 연령은 21세였다. 이후 1960년 4.19혁명을 거치며 20세로 하향되었고, 그 기준은 오랫동안 유지되다가 2000년대 들어 본격화된 18세 선거권 운동의 성과로 2005년 19세로 하향되기도 했다. 그동안에도 드물게나마 선거권 연령이 한 살씩 하향된 사례는 있어 왔지만, 이번 18세 선거권은 고등학생인 사람들이 일부나마 포함된다는 점에서 의미가 남다를 것 같다. 자유한국당은 '18세 선거권을 반대하는 게 아니라 학생이 투표하면 안 된다는 것이고, 18세에게 선거권을 주려면 학제 개편이 우선'이라는 황당한 주장을 하기도 했다. 그만큼 학생은 정치에 참여해선 안 될 존재, 사회와 격리되어야 할 존재로 여겨져 왔다는 의미일 것이다.

우리는 그동안 18세가 충분히 성숙한 존재라서 선거권을 가져야 한다는 주장을 경계해 왔다. 말하자면 18세는 노동도 할 수 있고 소득에 따른 세금도 납부하며 혼인 신고도 할 수 있는데 선거권만 없는 건 이상하며, 충분히 의무와 책임을 다하고 있으니 권리를 누릴 수 있도록 해 주어야 한다는. 가장 흔하고 가장 잘 먹히는 주장이었다. 하지만 참정권은 자격에 따라 주어지거나 의무의 대가로 받는 것이 아니라 누구나 누려야 할 기본적인 권리이기 때문에 보장받아야 하는 것이다.

우리는 지능이 높다거나 세금을 많이 낸다고 해서 투표용지를 1장 더 받는 것은 아니다. 참정권은 충분히 성숙하기 때문에 허용되는 것이 아니라 미성숙하다고 할지라도 보장되어야만 하는 것이다. 미성숙은 참정권 박탈의 근거가 될 수 없다. 오히려 당연한 권리를 보장받음으로써 민주주의를 배우고 성장할 수 있는 것인데 그 기회를 박탈당하고 있는 게 현실이다. 그런 이야기를 하기 위해 삭발과 농성을 했던 것이기도 했다. 삭발 시위 당시 우리의 슬로건은 "선거권은 인권이다"였다. 그러나 우리가 참정권에 대한 다른 방식의 접근을 제안했던 것과는 별개로, 힘들게나마 18세에게 선거권이 주어질 수 있었던 것은 어쨌거나 18세가 충분히 의무를 다하는 존재, 성인과 같은 존재로 인정받았기 때문이 컸을 것이다.

18세 선거권, 끝이 아닌 시작

그렇기 때문에 더더욱 이번 18세 선거권은 끝이 아닌 시작이 되어야 한다. 18세 미만의 어린이·청소년들도 사회 구성원으로서 인정받고 시민으로 대우받을 수 있어야 한다. 선거권과 피선거권, 정당에 가입할 권리, 선거 운동과 정치적 의사 표현의 자유, 주민 발의권 등 모든 방면에서의 참정권이 보장되어야 한다. 제도의 변화와 함께 '어른들 말씀하시는데 끼어들지 마라'와 같은 말들에서 드러나는, 일상적으로 청소년을 배제하는 습관들도 바뀌어야 한다. 청소년을 정치로부터 격리하는 것은 결코 청소년에 대한 보호가 될 수 없다. 이런 식의 배제는 오히려 방관과 위협이 된다. 참정권을 비롯해 청소년에게 박탈된 권리들을 보장하고, 이들의 목소리가 정치의 장에서 대변될 수 있도록 하는 것이 어린이·청소년에 대한 어른들과 국가의 책임이라고 생각한다. 과연 책임지지 않고 있는 것이 누구일까. 청소년의 참정권을 박탈하고 그들이 사회 구성에서 배제되도록 방임해 온 이들이야말로 무책임한 것이 아닌가.

'청소년은 미성숙하고 정치에 관심도 없어서 부모와 교사가 시키는 대로 투표할 것이다', '후보자들의 외모만 보고 뽑을 것이다', '정치 교육이 우선되어야 한다', '시험이라도 보게 해야 하는 게 아니냐'. 청

2020년 4월 10일, "만 18세 선거권, 끝이 아닌 시작이다!" 기자 회견.
청소년 중 일부가 처음으로 함께하게 된 2020년 총선의 사전 투표일,
촛불청소년인권법제정연대를 비롯해 여러 청소년단체들이 함께
사전 투표소 앞에 모여 만 18세 선거권이 끝이 아니라 시작임을 외쳤다.

소년 참정권을 반대하는 사람들에게서 흔히 들을 수 있는 이야기들이다. 흥미로운 것은 이것들이 과거 흑인들과 여성들이 참정권 운동을 할 때 들었던 말과 똑같다는 점이다. 흑인들은 '뇌 크기가 작아서 제대로 이해하지 못한다'라거나 '시험을 보게 해야 한다'는 말을 들었고, 여성들 역시 '남편이 하라는 대로 투표할 것이다', '외모를 보고 투표할 것이다', '여자들은 감정적이라서 이성적으로 투표할 수 없다'는 말들을 들었다. 하지만 이제는 많은 사람들이 이러한 발언이 차별적이라고 생각할 수 있게 되었다. 최소한 공공연하게 이런 발언을 할 수는 없다. 참정권을 계급과 인종, 성별을 기준으로 제한하는 것이 차별이듯, 연령을 기준으로 제한하는 것 역시 차별이다. 민주주의의 역사에서 참정권은 계속해서 확대되어 왔으며 시민의 범위 역시 계속 확장되어 왔다. 정말로 '유권자'가 성인의 동의어가 아니게 하려면, 연령 제한 자체를 폐지하는 것에 대한 논의가 필요하다.

최근 몇 년간 나에게 있었던 일들을 설명함에 있어 참정권 운동은 절대 빼놓을 수 없는 일이 되어 버렸다. 그것이 짧다면 짧은 지금까지의 내 인생에서 아주 큰 부분을 차지하게 되었다. 앞으로의 내 삶에 또 다른 무언가들이 채워져 나가게 되겠지만, 그렇다고 할지라도 청소년 참정권 운동을 하면서 겪었던 일들은 여전히 내 삶에서 큰 비중을 차지할 것이다. 청소년 참정권 운동과 함께하며 보낸 최근 몇 년간의 기억들을 돌이켜 보면, 그 사이에도 나에겐 많은 고민이 있었고 그로 인해 많은 변화를 겪었다.

나에겐 2020년 총선이 선거권 없이 보내는 마지막 선거가 되었다.

2022년 대통령 선거와 지방 선거에는 나도 참여할 수 있다. 올해 11월 생일이 지나면 만 18세가 되고, 내년이면 한국 나이로 20세가 된다. 나는 내가 법적인 성인이 되고, 그로 인해 누릴 수 있는 권리들을 당연하게 누릴 수 있는 날이 온다고 해도 그것이 당연하지 않았던 시절들을 잊을 수 없을 것이다. 선거권을 당연하게 행사할 수 있는 날이 와도 그 당연한 권리를 힘들게 외쳐야만 했던 어린 시절을 잊을 수 없을 것이다. 잊고 싶지 않다. 나는 어린 시절을 기억하는 어른이고 싶다. 스스로의 어린 시절을 존중하기 때문에 다른 어린 사람들도 존중할 수 있는 사람이고 싶다.

청소년의 이름으로
선거와
정치에 도전하다

선거법에 맞서 후보로 출마한 노동당 청소년 당원

조민 jeonwee0000@naver.com

광장에서 촛불 승리를 경험하며 진보 정당 활동과 청소년 운동을 시작했다. 노동당의 당원이며 지역 정치와 진보 정치에 대해 고민하고 있다.

"내년 총선에 청소년의 이름으로 도전할까 합니다."

2020년 제21대 국회의원 선거를 1년 앞둔 2019년 5월 4일, 어린이날 집회 〈어린 것들 해방 만세〉에서 내가 발언한 내용의 일부이다. 그날 집회에서 나는 2018년 지방 선거에서 노동당의 공직 후보자 선출 과정을 거쳐 전주시의회 의원 선거 후보자로 선출되었던 과정, 선거관리위원회 앞에서 청소년의 정치할 권리를 제한하는 〈공직선거법〉을 규탄하는 기자 회견을 열었던 일, 2018년 지방 선거 때 〈공직선거법〉 불복종 투쟁을 했던 활동 내역을 알리기 위해 발언을 준비했다.

안녕하세요. 작년 제7회 전국 동시 지방 선거 전주시 차 선거구 시의원 후보'이고 싶었던' 노동당 청소년 당원 조민입니다. 수요일이 노동절이었고 오늘이 어린이날이네요. 어린이날과 노동절이 많이 닮아 있다고 느꼈습니다. 최초의 어린이날은 1923년 5월 1일, 노동절이었습니다. 백여 년 전 어린이날 집회의 요구는 "어린이 착취 금지", "청소년 복지 보장" 등이었다고 합니다. 이 구호들은 아직도 유효합니다. 백여 년 전 어린이날의 구호는 왜 아직도 유효할까요? 어린이 노동 착취는 현재 진행형입니다. 청소년 알바 노동자, 특성화고 실습생은 싼 껌 취급받기 일쑤입니다. 단 18세 이하의 청소년은 아직도 참정권이 없습니다. 국민의 대표 기관이라는 국회는 성인 남성, 자본가, 기득권자만 대변하고 있고, 진작 바뀌었어야 할 법은 아직 살아 있습니다. 수요일, 노동절 집회에서는 어떤 구호가 외쳐졌을까요? "ILO 핵심 협약 비준", "비정규직 철폐" 등의 구호가 외쳐졌습니다. 노동절의 역사는 깊지만, 한국에서의 노동절 구호는 아직도 "ILO 핵심 협약 비준" 등에 머물러 있다는 것은 슬픈 일입니다.

저는 작년 지방 선거에서 청소년의 피선거권 보장을 주장하며 노동당 전주시의원 후보로 출마한 바 있습니다. 불법 후보를 자처하며 작년 어린이날에 기자 회견을 열고 선관위 앞에서 '후보 등록 좌절 기자 회견'을 여는 등의 활동을 하였지만, 그 이후로도 청소년의 참정권은 보장되지 않고 있습니다. 선거법 개혁이 패스트트랙을 탔다지만, 갈 길이 멀어 보입니다. 청소년의 기본권을 비청소년들이 논하고 있습니다. 청소년은 미래의 유권자라서 잘 보여야 한답니다. 청소년은 미래의 유권자가 아니라 같은 사회를 살아가는 현재입니다. 선거 연령 하향과 청소년 참정권을 염원하는 민심은 변함없지만, 선거법 또한 변함이 없습니다. 국민을 대변하지 못하는 대표 기관. 이대로 놔둘 수 없습니다. 국민의 대표 기관에 왜 청소년과 소수자를 대변하는 의원이 없는 것입니까. 이젠 청소년이 국회에 가야 합니다. (……) 비록 지방 선거에도 제대로 출마하지 못한, 선관위에도 등록되지 못한 후보지만, 저는 내년 총선에 청소년의 이름으로 도전할까 합니다. 청소년인권을 외친 지 백여 년이 지난 이 시점에서, 저는 청소년의 참정권을 요구하며 2020년 제21대 국회의원 선거 전주시 병 선거구 출마를 선언합니다. 감사합니다.

- 2019년 5월 4일 집회 발언 중

발언을 마치며 2020년 총선에 청소년 후보의 이름으로 다시 활동할 것을 선언했다. 이 발언이 2020년 〈공직선거법〉 불복종 투쟁의 시작이 되었다.

탄핵은 할 수 있지만, 선출은 못 한다?

정치에 관심을 가지기 시작하게 된 때는 2016년의 촛불 광장에서였다. 2015년 민중 총궐기 대회에서 물대포에 쓰러져 사경을 헤매다 돌아가신 고故 백남기 농민의 열사 투쟁이 전개됐고, 최순실의 국정농단에 분노하는 시민들이 거리로 나오던 시기였다. 나도 가만히 있을 수 없었다. 재벌을 대변하고 비정규직을 양산하며, 힘없는 노인을 물대포로 쏘아 죽이는 정권을 규탄하는 촛불의 바다에 머리 하나라도 보태야겠드고 생각했다. 매주 토요일을 전주의 촛불 광장 아니면 광화문 광장에서 보냈다.

그러던 중 접한 것이 청소년운동이다. 그저 평범한 중학교 2학년이었던 나의 삶은 그 이후로 완전히 바뀌게 되었다. 관심도 없었던 학칙을 뒤적였고, 전북학생인권조례를 찾아 읽었다. 청소년인권행동 아수나로라는 단체에 가입해 활동하기 시작했다. 청소년을 배제하지 않는 진보 정당과 정치에도 관심을 가지게 되었다.

2017년 3월 10일, 헌법재판소는 국회의 박근혜 탄핵 소추안을 인용하며 박근혜를 파면했다. 당시 전북교육청에서는 '민주주의 교육'이

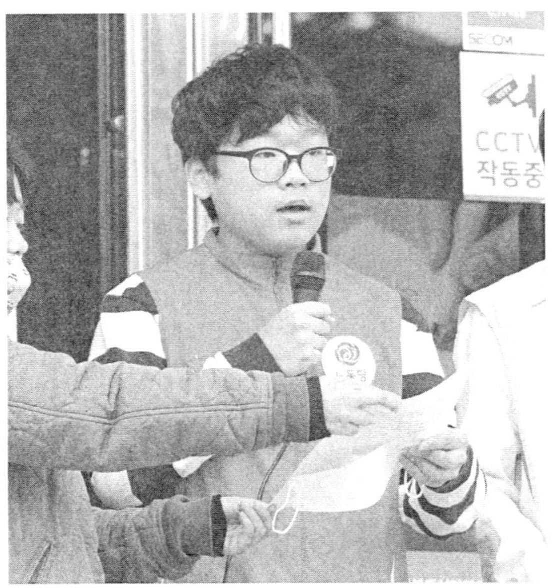

2016년 촛불 광장에 참여하며 정치에 관심을 갖기 시작했고,
2017년 10월 10일, 청소년 당원을 인정하는 노동당의 당원이 되었다.

라는 이름으로 헌법재판소의 탄핵 결정 생중계를 모든 학교 각 학급에서 볼 수 있게 하라는 공문을 보내서 나도 교실에서 탄핵 판결을 보게 됐다. 이정미 재판관의 "피청구인 대통령 박근혜를 파면한다"라는 주문이 그동안의 고생을 보상해 주는 것만 같은 기분이 들었고, '정치적 효능감'이란 것을 처음 느껴 봤다.

그러나 그 정치적 효능감은 오래가지 못했다. 판결로부터 2달 뒤인 5월 9일이 대통령 선거일로 정해졌다. 만 19세 미만의 유권자는 일체 참여할 수 없는 '닫힌 선거'였다. 민주주의의 꽃이며 대의 민주주의의 기초인, 더군다나 '촛불 혁명'을 완수하기 위한 대통령 선거였지만, 만 19세 미만의 청소년에게는 허락되지 않았다. 분명 촛불 광장에서 청소년과 비청소년은 동등한 주체로, '촛불 시민'으로 참여했는데, 촛불 광장이 앞당긴 대통령 선거에서는 촛불 광장의 시민들이 선거권자와 '무'선거권자로 쪼개진 것이다. (지금도 선거권이 없지만) 당시 만 13세로 대통령 선거에서 '소중한 1표'를 행사할 수 없었던 나는 '내가 참여할 수도 없는 선거 앞당기려고 촛불을 들었나?' 하는 생각도 들었다. 헌법재판소의 탄핵 소추 인용을 지켜보며 느꼈던 정치적 효능감은 기한이 다한 지 오래였다.

그러나 그 허탈한 감정은 참정권 확대를 위한 운동에 동참해야겠다고 결심하는 계기를 마련해 주었다. 2017년 대통령 선거를 앞두고 만 18세 선거권이 이슈로 떠올랐다. 선거권이 없는 청소년을 대상으로 모의 투표가 진행되기도 했다. 전주의 청소년운동 활동가들도 대통령 선거 당일 시내에서 피케팅을 했다. 당시 내가 만든 피켓의 문구는 "청소년에게도 빵과 장미를!"이었다. 이 피케팅을 시작으로 선거권 제한 연령 기준 인하 운동에 본격적으로 뛰어들게 되었다.

노동당 시의원 후보가 되다

나는 2017년 10월 10일, 노동당이라는 정당에 입당했다. 노동당은 진보 정당의 역사를 잇는 정당으로, 2012년 진보신당과 사회당이 합당한 뒤 2013년 노동당으로 이름을 바꾸었다. 제21대 국회의원 선거 토론회에서 노동당 송미량 후보는 노동당의 정체성을 이렇게 밝혔다. "노동당은 평등·생태·평화를 지향하는 사회주의 정당입니다."

나는 곧 노동당의 3년 차 당원이 된다. 만 16세인 내가 당적을 3년 동안 유지할 수 있는 이유는 노동당이 청소년 당원을 정식으로 인정하기 때문이다. 물론 내가 노동당의 당원이 된 것은 그 이유 때문만은 아니다. 자본주의 위기의 시대를 넘어설 사회적·생태적 전환을 위해 탄생했다는 노동당의 정체성이 나의 마음에 와닿았고, 지역의 투쟁에 적극적으로 연대하던 노동당 전북도당의 일원이 되고 싶었기 때문이었다.

2018년, 제7회 전국 동시 지방 선거를 대응하기 위한 노동당 전북도당의 선거 기획단에 동참하게 되었다. 당시 전북도당은 전북도의회 의원 선거에 후보를 내기로 결정한 상태였고, 나는 선거 기획단의 유일한 청소년이었기 때문에 전북도당 공약 중 청소년에 관련된 정책을 만들 때 도움이 되고자 노력했다. 그러던 와중에 내가 직접 '노동당의 후보지만 선관위는 인정하지 않는' 후보가 되어 불합리한 〈공직선거법〉을 정면으로 어기는 퍼포먼스를 하면 어떻겠냐는 제안을 받았다. 흥미로운 기획이라는 생각이 들어서 '선관위에 등록될 수 없는' 후보로 출마하기로 결정했다.

그 후 나름 바쁜 시간을 보냈다. 당시 중학교 3학년인 데다 학기 중이었기 때문에 바빴음에도 노동당의 공직 후보자로 선출되기 위한 당원 투표 절차에 참여했다. 정당 활동이 나에게 정치적 효능감을 안겨 줬기 때문에 더욱 마다하지 않았던 것 같다. 노동당 전북도당 당원 투표에서 56.26%의 투표율, 94.4%의 찬성으로 전주시 차 선거구 노동당 후보자가 되었다. 노동당 전북도당의 후보자가 발표되자 언론들이 나를 인터뷰하기도 했고 보도 자료를 받아 기사를 쓰기도 했다. 기사들을 보며 어느 정도 이슈가 된 것처럼 보여 뿌듯하기도 했다. 물론 악플 등의 부정적인 반응도 만만치 않았던 게 사실이다. 나는 사회의 진보를 위해 노력하고 있다는 자긍심으로 출마를 결심하고 이슈화를 위해 노력했지만 예상치 못한 혐오를 마주쳤을 때는 좌절하기도 했다. 그럼에도 청소년 참정권을 위한 활동이 옳다는 확신으로 여기까지 왔다고 생각한다.

청소년 시의원 후보자가 되고 나서 첫 활동은 어린이날 기자 회견이었다. 2018년 5월 5일, 전라북도에서 활동하는 진보 정당인 노동당, 사회변혁노동자당, 민중당, 정의당, 녹색당은 '청소년 참정권 지금 당장 보장하라'는 요구를 걸고 기자 회견을 열었고, 나는 '앞으로 노동

당의 공직 후보자로 활동하며 선거법이 얼마나 불합리한지 알리겠다'
고 선언했다.

시간이 지나 2018년 5월 25일, 선거관리위원회 후보 등록 기간이
되었다. 지방 선거 후보자는 5월 25일까지 선관위에 후보자 등록을
마쳐야 정식으로 후보자가 되고, 투표 용지에 이름을 올릴 수 있었다.
그러나 나는 만 25세가 안 되었기 때문에 선관위에서 후보 등록을 받
아 주지 않을 터였다. 이러한 현실을 고발하기 위해, 후보 등록 기간
에 전주시 덕진구 선관위 앞에서 〈공직선거법〉을 규탄하는 '후보 등
록 좌절 OTL' 기자 회견을 했다. 나는 '청소년이 미성숙하니 참정권을
부여할 수 없다'는 주장에 반박하며 "'성숙한 비청소년들'이 박근혜에
게 투표해 비선 실세를 당선시켰고, 국회 안의 여당, 야당 국회의원들
의 얼굴을 '그놈이 그놈'이게 만들었다"라는 발언을 했다. 기자 회견은
"청소년은 정치하지 마", "청소년 선거 운동 금지", "청소년 피선거권
제한", "청소년 선거권 제한", "청소년 정당 가입 불가", "공직선거법"이
라고 쓰인 박스로 만든 탑을 발로 차 무너뜨리는 퍼포먼스를 끝으로
마쳤다.

선거법 위반 상습범

출마 좌절 기자 회견 등이 끝나고, 전북도당은 본격적인 광역 의
원 선거 대응에 돌입했다. 전주시 제10선거구의 지역구 도의원 후보

2018년 지방 선거에서 청소년 참정권 보장을 요구하며 '선관위는 인정하지 않는
노동당 시의원 후보'로 나섰고, 5월 25일 '후보 등록 좌절 OTL' 기자 회견을 했다.

선거 운동에 노동당 전북도당의 역량이 집중됐다. 나는 1월부터 지방 선거를 준비한 선거 기획단에 함께했고, 기호를 드러내고 방송 차량과 선거 용품들을 이용해 선거 운동을 할 수 있는 기간인 본 선거 기간에는 나도 선거 운동에 적극적으로 참여했다.

청소년의 선거 운동은 불법이다. 〈공직선거법〉 제60조는 미성년자(투표권이 없는 자, 2020년 현재는 만 18세 미만)는 선거 운동을 할 수 없는 자로 규정하고 있다. 또 〈공직선거법〉 제255조는 법적으로 선거 운동을 할 수 없는 사람(미성년자)이 선거 운동을 했을 때 선거 운동을 한(또는 하게 한) 자는 징역 3년 이하의 징역 또는 600만 원 이하의 벌금에 처한다고 규정하고 있다.

법을 어긴다는 것에 살짝 고민이 되긴 했지만 결국 선거 운동에 참여하기로 했다. 처벌을 받게 된다고 해도, 오히려 청소년이 정치에 참여할 권리를 제한하는 〈공직선거법〉을 규탄하는 불복종 투쟁의 연장이 될 수 있겠다는 계산이 있었다. 그리고 무엇보다 내가 너무나 선거 운동을 하고 싶었기 때문이었다. 나는 노동당에 대한 소속감이 크고, 당이 선거를 치르는데 당원이 선거 운동에 동참하는 것은 너무도 당연하다고 생각했기 때문이다. 그러나 법적 처벌도 각오해야 한다는 부담감은 없지 않았다. 비청소년들은 전혀 그런 부담감 없이 선거 사무원 표찰을 목에 걸고 기호 6번이 적힌 셔츠를 입고 모자를 썼다. 〈공직선거법〉이 '노동당원'이라는 정체성으로 뭉친 집단도 비청소년과 청소년으로 갈라 청소년에게만 과중한 책임감과 부담을 안긴다는 사실을 실감했다. 법이 너무나도 원망스러웠다. 그러나 원망은 곧 오

2018년 5월, 전주시 선관위 앞에서 "청소년 선거 운동 금지",
"청소년 피선거권 제한", "청소년 선거권 제한", "청소년 정당 가입 불가",
"공직선거법" 등이 적힌 박스를 무너뜨리는 퍼포먼스를 했다.

기로 바뀌었고, 자연스럽게 표찰을 목에 걸고 비청소년 당원들과 마찬가지로 선거 운동에 참여하는 나를 발견할 수 있었다.

굳은 결의와 오기로 시작한 선거 운동은 막상 시작하니 즐겁기만 했다. '이렇게 재밌는 걸 비청소년들만 할 수 있게 정하다니!' 하는 생각마저 들었다. 선거 운동에 재미가 들려서 시간이 날 때마다 했다. 주말에는 아침부터 저녁까지 유세를 하기도 했다. 평일에는 학기 중이었기 때문에 아침 유세에는 동참하지 못하고 주로 학교가 끝난 후 퇴근길 유세에 참여했다. 노동당 후보들이 당선될 거라고는 생각하지 않았고, 가끔 '이렇게 열심히 하는데 당선 가능성이 있지 않을까?'라는 생각이 들고 '행복 회로'가 돌아갈 때는 자신을 진정시키기 바빴다. 그래도 내가 사는 동네에서 퀴어와 청소년의 인권, 노동 해방 등 진보 정당의 정책을 외치는 것에서 해방감을 느꼈기 때문에 몸은 힘들어도 마음이 동해서 더욱 열심히 했다.

그러던 중, 나는 페이스북에서 청소년운동의 동료 활동가이자 노동당원인 박태영의 글을 읽었다. "진주시 선관위 보세요. 선거법 위반 자수합니다. ^^" 이렇게 시작하는 그 게시물은, 자신이 만 18세로 선거권이 없는 '비시민'임에도 '감히' 본인의 모친에게 누구를 찍으면 되는지 알려 줬다고 자수하는 내용이었다. "이상으로 제 행동들은 〈공직선거법〉 제60조 2항, '미성년자는 선거 운동을 할 수 없다'에 저촉되는 행위입니다. 선거법을 위반하였으니 확인 부탁드리며, 제60조 2항이 사라지고 청소년 참정권이 보장되는 그날까지 지속적으로 위반할 것임을 미리 말씀드리는 바입니다. 감사합니다. ^^" 이 글을 읽으며, '나도 해야겠다!'라는 생각이 스쳤다. 마침 여느 주말처럼 오후 선거 운동을 하고 선거 사무실에 들어왔을 때였다. 나만큼 '선거법 위반 자수 캠페인'에 어울리는 사람도 없다고 생각했다. 당시 나는 주변의 가족, 친지, 지인에게 뽑을 만한 후보를 말하는 것으로 모자라, 만 25세 미만은 출마할 수 없다는 〈공직선거법〉을 정면으로 들이받고, 심지어 매일 오후마다 주말마다 거리에서 노동당을 알리고 있지 않았는가. 바로 글을 쓰기 시작했다. 가족과 지인들에게 추천한 후보들을 나열하고, 거리에서 선거 운동을 하고 있다는 사실도 명시했다. 증거로 선거 운동을 하고 있는 나의 사진도 첨부했다.

청소년들의 '선거법 위반 자수 캠페인'은 성공했다. 3명이 선관위로부터 경고나 행정 조치를 받았고, 1명은 경찰 조사까지 받았다. 자연스럽게 언론의 주목을 받았고, 처음 캠페인을 시작한 활동가는 지상파 뉴스 인터뷰까지 했다. 그러나 정작 선거법의 '선'을 더 깊고 위험하게 넘은 나에게는 어떠한 조치도 내려지지 않았다. 경찰 조사를 받았거나 입건이 됐더라면 더 큰 이슈를 만들 수 있었을 거란 아쉬움은 아직도 있다.

청소년이 국회에 가야 한다

지방 선거가 끝났다. '아쉽게도' 처벌을 면했고, 내가 선거 운동에 동참한 노동당의 도의원 후보는 선거 비용을 보전받을 수 있는 득표

율 10%의 벽을 넘지 못하고 낙선했다. 일상을 쪼개 가며 활동과 선거 운동을 하다가 선거가 끝나자 완전히 일상으로 돌아왔다. 물론 선거 이후에도 노동 관련 집회나 서울 퀴어문화축제, 광주 퀴어문화축제 등에 연대하며 활동했다. 그리고 고등학교를 배정받고, 곧 2019년이 시작됐다.

개학 전에는 1월 22일 국회 앞 선거권 연령 하향 촉구 기자 회견에서 노동당 비대위원장이 대독할 발언문을 작성한 것 이외에는 특별한 활동 없이 지냈던 것 같다. 고등학교에서의 첫 시험이 끝난 뒤, 나는 바로 서울로 향했다. 2019년 5월 4일 열린 〈어린 것들 해방 만세〉 어린이날 집회에 참여하기 위해서였다. 2018년 지방 선거 때의 경험을 집회 참가자들 앞에서 이야기하고, '청소년도 이 사회의 구성원이니 국민의 대표 기관인 국회에 청소년을 대변하는 국회의원도 있어야 한다, 청소년이 국회에 가야 한다'는 주장과 함께 2020년 국회의원 선거 출마를 선언했다.

어린이날 집회 당시에는 내가 살고 있는 지역인 전주시 병 선거구에서 출마할 것을 선언했으나, 그 계획은 불확실해지고 말았다. 약 두 달 뒤, 노동당이 내분을 겪게 되었던 것이다. 2019년 7월 7일 당대회에서 당시의 대표단은 노동당의 당명을 '기본소득당'으로 바꾸는 안건을 제출했다. 당명 개정 안건은 근소한 차이로 부결되었고, 대표단은 사퇴하고 탈당했다. 탈당한 사람들이 만든 것이 기본소득당으로, 그 과정에서 내가 속해 있던 전북도당의 타격도 컸다. 줄곧 전주 지역 청년 활동가 10명 남짓이 전북도당의 활동을 대부분 담당하고 있었는데 그들이 탈당하자 당 활동도 멈춰 버린 것이다. 이후 노동당은 비상대책위원회 체제가 된다. 그 다음부턴 남은 2019년을 어떤 활동을 하며 지냈는지 기억나지도 않는다. 그저 학교생활을 하면서 앞으로 지역에서 청소년운동을 어떻게 이어 나갈 것인지를 고민했다. 개인의 이슈 파이팅만으로 활동을 지속할 수 없다고 생각했기 때문이다. 2019년 겨울부터는 '노동당 전북도당의 활동이 정체됐는데, 출마 투쟁을 어떻게 진행해야 하지?' 하는 고민을 했다.

그러던 차에, 노동당은 새로운 대표단을 선출했고, 중앙당에서는 나에게 비례 대표 후보로 출마하는 게 어떻겠냐는 제안을 해 왔다. 잠깐의 고심 끝에 어쩔 수 없다는 결론에 이르러 비례 대표 출마를 준비했다. 비례 대표가 되기 위한 절차도 여간 복잡한 게 아니었다. 2018년 지방 선거 때는 전북도당에서 선거 사무장을 맡은 활동가가 있어서 서류 문제 등 여러 가지 실무를 맡아 주었는데, 이번에는 여러 실무들을 직접, 혼자 하게 되었다. 아니나 다를까, 문제가 생겼다. 마감 시한까지 당원의 권리를 가진 유권자의 2%의 추천을 받아야 후보가 될 수 있었는데, 5명이 모자랐다. 다행히도 노동당 상임집행위원회에서 청소년 특별 후보로 나를 선정하는 안건이 통과되어 '비례 0번' 후보가 될 수 있었다.

2020년 국회의원 선거, 이번에는 노동당 비례 0번 청소년 특별 후보가 된 나는 또다시 '후보 등록 좌절' 기자 회견을 준비했다. 기자 회견을 준비하는 과정에서 노동당 내의 청소년 활동가들과 같이 '노동당청소년선거대책본부'를 결성했다. 노동당이 국회의원 선거를 치르는 과정에서 청소년 참정권 등 청소년운동의 주장을 공론화하는 것이 목표였다.

지방 선거 때와 같이 기자 회견은 후보 등록 기간인 3월 26일에 열었다. 장소만 지방 선거 불복종 투쟁 때와 달리 전북 선관위로 바뀌었다. 내가 도맡아 준비해야 했기에, 바로 전날까지도 나는 현수막, 발언문, 기자 회견문 등을 준비하느라 여념이 없었다. 기자 회견은 성공적이었다. 여러 건의 기사가 났고, 노동당 페이스북 페이지에 내 발언 영상이 올라가기도 했다. 기자 회견을 마치고 지역 언론에서 몇 건의 인터뷰 요청이 들어오기도 했다. 노동당의 슬로건인 "다른 선택 다른 사회, 노동당과 함께"로 발언을 시작한 나는 선관위에 등록될 수 없는 비례 순번 0번에 대해 얘기하며 '기호 0번 청소년 후보' 운동을 언급했다. 청소년에게 정치적으로 무능할 것을 강요하며 청소년을 투표용지나 비례 후보 순번엔 없는 '0번'에 가둬 놓는 〈공직선거법〉을 비판했다. 또한 민심을 왜곡하는 꼼수 비례 위성 정당은 허용하면서 청소년의 정치할 권리는 철저히 탄압하는 선관위를 규탄했다. 나는 "선거관리위원회는 대체 무엇을 관리하고 있습니까?"라고 물었다. 정말 궁금해서 한 질문이었다. 솔직히 아직도 모르겠다. "비록 선관위에 등록도 못 한 청소년 후보지만, 노동당의 비례 대표로 선정서도 받았습니다. 청소년이 국회에 진입하려는 시도는 막혔지만, 노동당의 후보 역할을 성실히 수행할 것을 선언합니다. 선거 운동도 할 것입니다. 선거법 적나라하게 어기겠다고 미리 밝히는 바입니다"라며 발언을 마쳤다.

2020년 3월 26일, '후보 등록 좌절' 기자 회견

'선거법 적나라하게 어기겠다'는 말은 결코 빈말이 아니었다. 노동당청소년선거대책본부는 정말 경찰 조사, 입건, 위헌 법률 심판 제청 신청까지 결의했다. 우리는 그야말로 '끝까지 가겠다'는 각오로 선거에 임하고 있었다. 노동당의 정당 투표 기호인 22번이 적힌 피켓을 들고서 4월 7일부터 14일까지, 평일이면 출근길이나 퇴근길에 하루 한 차례는 꼭 거리에서 선거 운동을 했다. 또한 페이스북 페이지를 만들어 하루에 한 번씩 노동당원이자 법적으로 선거 운동을 할 수 없는 청소년들이 선거 운동을 하는 사진을 올려 위반 소식을 알렸다. 처음으로 길거리 유세를 한 4월 7일, 페이스북 페이지에 선거 운동을 하는 청소년 당원의 사진을 올리며 "선거 운동에 참여한 청소년 당원들은 모두 만 18세 미만으로 저희가 하는 선거 운동은 모두 불법입니다. 하지만 노동당의 청소년 당원들은 계속해서 청소년의 정치 활동을 가로막는 법들을 어길 것입니다"라고 선언했다.

처벌을 받을 경우 헌법 재판을 청구하는 것까지 염두에 둔 우리였다. 선관위나 경찰에서 나서서 조사하거나 처벌할 때, 우리의 목표인 이슈화에 성공할 수 있다고 생각했고, 내심 기대하기도 했다. 그런데 정말 청소년 당원이 선거 운동을 했다고 경찰 조사를 받는 사건이 일어났다. 4월 7일과 8일, 부산시에서 노동당 선거 운동을 함께 한 사실 그리고 페이스북 프로필 사진으로 2020년 국회의원 선거에서 정당 투표는 노동당에 할 것을 권유하는 사진을 올린 것 때문이었다. 그 청소년 당원은 4월 23일 경찰 조사를 받았고 비록 당사자는 기소되지 않았지만, 대신 노동당 부산시당 위원장이 청소년의 선거 운동을 방조했다며 〈공직선거법〉 위반 혐의로 기소되었다.

선거는 끝났지만

\

노동당의 2020년 국회의원 선거는 정당 득표 0.12%라는, 역대 최저의 결과로 막을 내렸다. 3명의 지역구 출마자 중에서도 당선인은 나오지 않았다. 처참한 성적표였다. 그러나 노동당청소년선거대책본부의 선거법 불복종 투쟁은 끝나지 않았다. 부산의 청소년 당원의 입건 여부 결과도 나오지 않았고, 앞으로 노동당 청소년 당원들의 모임도 생길 것이다. 나의 평생 소원인 '이윤보다 인간'이 우선되는 해방 세상을 위해, 청소년의 단순한 정치 참여를 넘어 청소년이 정치 세력이 되는 세상을 이루기 위해, 지금까지는 그러지 못했지만 앞으로는 일상에서 더욱 성찰하고 치열하게 활동하는 삶을 살아가려 한다.

처참한 선거 성적표를 받아들고 우리들이 가져야 할 태도는 노동자 민중 앞에 반성하는 태도와, 그럼에도 굴복하지 않고 자본주의 세상과 당 내외의 청소년 배제적 문화에 맞서는 것이라고 생각한다. 그랬을 때만 노동당이 지향하는 평등·생태·평화의 가치를 실현해 나갈 수 있을 것이다.

/

학생이
잡을 밧줄이
없어서

/

경남학생인권조례를 만들기 위해 학교와 거리를 누비다

하지현(하지) ha_ji_hyeon@naver.com

한 해 중 해가 가장 길게 떠 있는 하지夏至처럼 밝고 따듯하고 싶은 동물입니다. 모든 공간이 이처럼 따듯했으면 좋겠다는 마음으로 경남학생인권조례 제정 운동을 했습니다. 그 마음 그대로 청소년인권운동을 해 나갈 것입니다.

노란 포스트잇, 처음 마주한 인권

문을 들어서는 사람들의 어깨는 잔뜩 움츠러들어 있었다. 슬리퍼를 신고 온 사람에게 마구 삿대질을 해 대는 관리자, 그 사이 운 좋게 걸리지 않고 지나가는 사람들. 모두 똑같은 머리 모양을 하고 똑같은 옷을 입은 사람들이 비치는 관리자의 눈은 흑백 필름을 씌워 놓은 듯했다. 모두 까맣게 까맣게 입은 사람들 사이 빨간색이 칠해진 사람이 보였다. 관리자는 그 사람에게 '빨간 옷'이라는 이름을 붙여 줬다. 동료들도 그 사람을 '빨간 옷'이라 부르며 깔깔 웃었다. 그 사람의 얼굴은 본인의 옷만큼이나 빨갛게 달아올랐다. 내가 기억하는 학교의 모습이다.

내가 지금 다니고 있는 학교는 경남형 혁신학교인 행복학교이다. 이 학교에 입학할 당시 내가 교문에서 본 것은 흑백의 눈으로 학생들을 검사하는 교사들과 움츠러든 학생의 모습이 아니었다. 우리 학교에는 행복맞이부라는 곳이 있었는데, 학생회 생활부와 연계된 부서로 다른 학교에 있는 선도부를 대신하는 곳이었다. 행복맞이 학생들은 아침마다 에버랜드 직원들처럼 손을 흔들며 '반갑습니다. 오늘도 행복한 하루' 등의 멘트를 외치면서 나를 반겨 주었다. 나에게 교문을 지나는 시간은 하루 중 가장 힘이 나는 시간이었다. 그 시간을 빼앗긴 것은 정말 한순간의 일이었다.

무더운 여름이 시작되던 무렵 갑자기 매점 옆 게시판에 '파란 머리', '빨간 머리' 운운하며 교칙을 준수하라는 공지가 붙었고 학생들이 교칙을 잘 준수하는지 확인하기 위해 교사들이 교문 지도를 실시하겠다고 안내했다. 교문 지도, 그 한 단어만 유독 진하게 내 눈에 들어왔다. 매점 옆 게시판은 학생들이 가장 많이 보는 게시판이다. 오래 걸리지 않아 그 공지에 많은 학생들이 분노하였고, 그 분노에 화답이라도 하듯 학생인권 침해에 반대하는 외침들이 A4용지 가득 채워져 같은 게시판에 하나둘씩 붙기 시작했다. 그 외침들은 파도를 일으키는 바람이 되어 학생들의 분노를 담은 노란 포스트잇이 그 주변에 가득, 정말 가득히 채워졌다. 이것이 내가 처음 마주한 '인권'이었다.

그렇게 우리는 등굣길을 지켜 냈다. 공지가 붙고 약 일주일 정도 교사들이 교문에 나와 일렬로 서 있었지만 그뿐이었다. 교문 구석에서 자리만 축내고 있는 것이 무안했던지 일주일이 지나자 보이지 않았다. 우리가 지켜 낸 것은 단순한 등굣길이 아니었을 것이다. 학생들이 생활 규정 공지에 분노했던 이유도 그것이 단순한 규칙이 아니었기 때문이었을 것이다. 자기 검열을 하지 않고 환영받으며 지났던 등굣길은 내가 존엄한 존재라는 사실을 잠시라도 되뇔 수 있게 하였다. 그리고 생활 규정 공지가 말하고 있던 것은 '규칙을 지켜라'가 아니라 '학생은 존엄하지 않다'는 것이었다. 나는 나의 존엄성을 지키며, 모두의 존엄성을 지키며 살아가겠다고 다짐했다. 그렇게 학생/청소년인권운동에 뛰어들었다.

교문 지도에 대한 학생들의 항의 의견을 쓴 A4용지와 포스트잇이 게시판 가득히 붙었다.

처음 맛본 음식에서 느껴지는 내가 꿈꾸던 맛

학생인권. 학생이라는 단어와 인권이라는 단어가 나란히 붙어 있는 모습은 나에게 참 생소한 모습이었다. '학생' 옆에는 항상 '인성', '꿈', '목표', '희망' 같은 단어들이 붙어 있었다. 인권은 교과서에만 존재하던 외울 거리였다. 학생인권운동에 처음 발을 들였을 때 나는 학생인권을 공부하려 했다. 여러 글과 책을 읽으면서 그 속에서 반짝거리며 빛나는 글들에 밑줄을 긋고, 빈 공간에 내 경험을 적고, 따로 노트에 필사하기도 했다. 교과 공부와는 다르게 나는 그 문장들을 따로 외우지 않았다. 이미 그 모든 문장은 나의 이야기였고, 내가 하고 싶던 이야기였다. 인권을 읽으며 고개를 끄덕이던 그 시간은 암기가 아닌 공감의 시간이었다.

학생인권조례를 처음 읽던 시간도 그러했다. 학생인권조례에는 학교 밖 사람들이 당연하게 누리고 있는 권리들이 적혀 있었고 학생도 존엄하기에 이 모든 권리를 누릴 수 있다는 것이 조항별로 담겨 있었다. 내가 있는 공간이 이랬으면 좋겠다며 연신 고개를 끄덕이며 읽었다. 학교 담벼락을 사이에 두고 학교 밖에서는 할 수 있는 모든 일들, 머리를 무지갯빛으로 물들이거나 체크무늬 셔츠에 청바지를 입거나 그렇게 옷을 입고 집회를 열거나 언제든 바쁜 연락을 받을 수 있는, 그 모든 일들을 학교 안에서는 할 수 없다.

교실에 들어서면 커튼이 쳐져 있다. 밖에서 빛이 들어오면 칠판 글씨가 잘 안 보이기 때문에 항상 커튼을 쳐 둔다. 빛이 들어오지 않는 교실은 너무나도 춥다. 교사가 칠판에 글씨를 써 내려가기 시작하면 학생들의 눈빛은 빛이 들어오지 않는 교실만큼이나 차가워진다. 반에는 20명의 학생이 있다. 10명은 졸거나 자고, 5명은 손만 움직이고, 3명은 다른 공부를 하고, 1명만이 그 수업을 온전히 따라간다. 나머지 1명은 나처럼 절망하고 있을지도 모른다. 학생들은 아무도 모르게 수업 밖으로, 교실 밖으로, 학교 밖으로 내몰리고 있다.

모두 저마다의 걱정과 고민, 불안으로 힘들어했지만 그 누구도 들어 주려 하지 않았다. 오직 입시에 대한 고민만이 가치 있는 고민으로 받아들여졌고, 그 외의 고민은 묵살되었다. 내가 담임 교사에게 입시만을 강요하는 교실과 주입식 수업에서 의미를 느끼지 못하겠다고, 대학을 가지 않는 사람들을 투명인간 취급하는 것 같다며 답답함을 토로했을 때 교사의 반응은 냉담했다. "다 그렇게 사는 거야." 나 말고도 대학이 목표가 아닌 학생들이 반에 많다며 왜 나만 유난이냐는 식으로 말했다. 갑자기 눈물이 쏟아져 나왔다.

학교는 약한 사람에 대한 차별이 정당화되는 공간이며, 아무런 안전장치 없는 위험한 가시밭이다. 학생을 향한 무시와 조롱이 일상이다. 복도에서는 교사가 학생을 '장난으로' 때리고 성추행하며, 교실에서는 '수업 목적으로' 소지품을 빼앗아 가기도 한다. 나는 학교에서 폭력과 차별을 배웠고, 그런 상황에 굴복하는 법을 배웠다. 교사의 눈길 한 번, 기회 한 번, 생기부(학생생활기록부) 한 자를 위해 모든 상황을 웃음으로 넘겼다. 교사에게 나의 현재와 미래가 달려 있었다. 교사에게 '대든' 학생은 쓰레기가 되고 그 학생을 '체벌한' 교사는 불쌍한 피해자가 되는 학교에서 나는 나쁜 가해자로 따돌림당할 것이 무서웠다.

학생인권조례에는 학생이 부당한 일을 당했을 때 구제 신청을 할 수 있는 기관을 마련해 둘 것이 명시되어 있다. 잘못됐다고 생각되는 일에 소리친 후 최소한의 안전이 보장되는 것이다. 이러한 조항들은 학교에서 싸우는, 억압받는, 지워지는 학생들이 잡고 버틸 수 있는 유일한 밧줄이다.

조례를 만드는 청소년들

학생인권을 제도로 보장하고자 하는 시도는 오래되었다. 두발 자유 운동 등 학생들의 저항에 힘입어 2005년부터 학생인권법 제정 운동이 일어났다. 하지만 2007년 〈초·중등교육법〉에 한 줄의 조항을 추가하는 걸로 그치며 사실상 좌초되었다. 이후 전국적으로 조례*를 제정하기 위한 시도가 일어났다. 일부 지역에서 진보적인 교육감이 선출된 것도 영향을 미쳤다. 2010년 경기도를 시작으로 광주, 서울, 전북, 이렇게 네 지역에서 학생인권조례가 제정되었다. 당시 경남에서도 학생인권조례를 제정하려는 여러 시도들이 있었고 주민 발의**를 포함

---

* 지역 안에서 효력을 가지는 제도. 법령을 위반하지 않는 한에서 지방 자치 단체별로 제정할 수 있다.
** 주민들이 전체 주민 중 일정 비율 이상의 동의 서명을 얻어 직접 의회에 정책을 발의할 수 있도록 하는 제도다.

해 두 번의 발의가 있었지만 모두 도의회에서 폐기 또는 부결되었다. 2019년, 경남교육청의 경남학생인권조례안 발의는 오랜 공백기 끝에 경남에서 만들어 낸 세 번째 기회였다. 청소년을 비롯한 여러 교육 주체들이 진보 교육감을 압박해 낸 결과로, 교육감은 2018년 선거에서 재선되자마자 경남학생인권조례를 제정하겠다는 포부를 밝혔다.

내가 활동한 '조례만드는청소년'(줄여서 조청)은 경남학생인권조례를 제정하기 위해 활동한 청소년 모임이다. 항상 '나중에'라는 말을 들으며 기다려야 했던 우리의 '지금'과 권리를 직접 찾기 위해 활동을 시작했다. '조례만드는청소년'이라는 이름이 생기고 처음 했던 일은 11월 3일 학생의 날 맞이 경남청소년인권문화제 〈학생은 학생답게 학생인권조례를 만들장〉을 주최하는 것이었다. 집회 장소에 도착하자 그곳에 있는 모든 것들이 따스한 햇빛을 받고 반짝이고 있었다. 게시판에 내가 학교에서 들어야 했던 차별적인 말이나 무시당하고 억압당했던 일을 적고, 피켓에 '우리에겐 분노할 권리가 있다'를 써넣고, 함께 모여 앉아 노래를 부르고, 나와 비슷한 일을 겪은 누군가의 발언을 듣고, 다 같이 행진을 했다.

그 뒤로도 우리는 많은 집회를 열었다. 2월부터는 매주 목요일 창원 정우상가 앞에서 〈경남학생인권조례를 원하는 청소년의 촛불〉이라는 작은 집회를 열었다. 이 집회는 7회에 걸쳐 진행됐는데, 그동안 꾸준히 거리의 새로운 사람들과 함께했다. 다 같이 촛불을 들고, 바라는 학교의 모습을 적은 종이비행기를 날리고, 없애 버리고 싶은 학교의 잘못된 관습을 송판에 적어 부수기도 했다. 집회 말고도 거리

매주 목요일, 정우상가 앞에서 열린
〈경남학생인권조례를 원하는 청소년의 촛불〉 집회

에 나와야 했던 일이 하나 더 있다. 지역별로 매주 선전전을 했는데, 경남학생인권조례와 우리 단체를 알리기도 했고 도의회에 '이렇게 많은 사람들이 경남학생인권조례를 원하고 있다'는 것을 전하기 위해 조례 제정 촉구 서명을 받기도 했다. 서명이 법적인 효력은 발휘할 수 없었지만 조청이 받은 4,004개의 서명은 그 하나하나가 큰 의미를 남겼다.

우리의 운동은 다른 운동들에 비해 그 규모가 작은 편이었다. 집회를 열어도, 기자 회견을 해도 적은 사람이 참여했기 때문에 '조례 제정을 주장하는 소수의 인원이 전체 청소년을 대변할 수 없다'는 폄하를 당하고는 했다. 그러나 내가 서명을 받으며 느꼈던 것은 많은 청소년들이 경남학생인권조례를 원한다는 것이었다. '교문을 지날 때 자기 검열을 하게 되는 게 싫다', '머리 염색하고 싶다', '교복 불편하다'. 서명을 받으면서 이런 생생한 학생들의 외침을 우리는 들을 수 있었다. 귀를 닫고 있는 저들에게 이 목소리는 들리지 않을 것이다. 학생들은 오늘도 24시간을 학교와 학원, 과외에 빼앗긴 채 살아가고 있을 테니까. 목소리를 내더라도 철없는 일탈이라며 그 목소리가 짓밟혔을 테니까. 설령 그들이 학생인권조례를 원하지 않는다고 해도 스스로 자신의 권리를 부정하게 한 자가 누구인지에 대한 질문이 필요하다. 선전전 때 만났던 한 초등학생이 한 말이 기억을 스친다. "이거, 엄마한테 허락 맡아야 하는데."

우리가 제정하려고 했던 건 학생'인권'조례이다. 인권은 천부권이다. 태어날 때부터 가지고 태어나는 것. 그런데 그것을 학교가 침해

〈경남학생인권조례를 원하는 청소년의 촛불〉에서 발언하는 모습

하고 있기에 조례로써 보장한다는 것이다. 찬반, 동의 수준을 따질 게 아닌 것이다. 학생인권에 대한 반박과 학생인권조례 반대 세력의 큰 벽에 부딪힐 때마다 '우리의 인권은 보장받아 마땅한 것'이라는 믿음 하나로 운동을 해 나갔다.

학교가 학생인권에 한 발짝 내디딘다면

내가 활동을 한 장소는 주로 학교 안이었다. 조례 제정 촉구 서명도 학교 안에서 많이 받았다. 학교에서 무탈하게 서명 운동이 가능했던 이유는 어쩌면 이미 인권이라는 단어가 우리 학교 안에 들어와 있었기 때문이라고 생각한다. 우리 학교에는 '학생인권수다회 지금'이라는 곳이 있었다. 학교에 등록된 동아리와는 별개로 학생인권을 바라는 학생들이 모여 만들었는데, 학생들이 학내에서 직접 기획하고 홍보하고 진행하는 모임이다. 그 때문에 교사의 간섭으로부터 조금은 더 자유로울 수 있었다.

우리는 거의 두 달에 한 번씩 학생인권을 둘러싼 여러 주제, 그러니까 교복, 시험, 등급제, 나이주의 등으로 수다회를 열었고, 주제 중에는 경남학생인권조례도 있었다. 그날 우리는 참여자들과 경남학생인권조례안을 함께 읽어 보고 기대되는 점, 소감 등을 나눠 보았다. 그때 한 청소년이 했던 말이 나의 마음에 강하게 남아 있다. "경남학생인권조례는 나에게 두꺼운 법전이라고 생각한다. 항상 청소년들은 교사나 다른 성인들보다 아래에 위치해 있었다. 경남학생인권조례라는 두꺼운 법전을 밟고 일어서서 그들과 같은 위치에 설 수 있게 되고, 그들이 나의 인권을 침해했을 때 그 두꺼운 법전으로 우리를 보호할 수 있게 될 것이다." 우리의 목소리가 저들과 동등한 힘을 가지게 되기를 그저 기다리고만 있을 수 없다는 마음, 그 한마음으로 모두가 경남학생인권조례를 바라고 있었다.

'지금'에 함께하고 있는 사람들 외에도 학교에는 인권을 바라는 많은 사람들이 있었다. 그 사람들과 나는 교칙을 잘 지키라는 학교의 문자에 '내 몸은 내 꺼다'라는 피켓을 들고 학교를 활보하는 〈무지개 빛깔 권리 행진〉을 하기도 했고 학교운영위원위에 참관해 학교 운영에 대해 발언할 기회를 요구하기도 했다. 가끔은 너무 무섭기도, 교사들의 시선에 너무나 비참해지기도 했다. 그들이 귀를 막고 눈을 가려 버릴 때는 '정말 학교가 변할 수 있을까' 하는 회의감에 휩싸여 아무것도 하지 못한 적도 있다. 하지만 돌이켜 보면 분명 즐거운 나날이었다. 그 나날들을 즐겁게 추억할 수 있는 이유는 한 발짝이라도 변화하는 모습을 봤기 때문일 것이다.

가령 교사들이 이전보다는 학생들의 눈치를 보는 것 같았다. 물론 모든 억압과 차별이 사라진 것도 아니고, 오히려 학생인권을 비꼬고 인권을 내세우는 학생을 아니꼬운 시선으로 바라보는 교사들도 있지만, 조례 방송에서 학생인권이 언급된다거나 교사의 인권 침해적인 발언이 학생들 사이에서 무겁게 다뤄지는 등의 변화가 분명하게 생겼다. 아직 갈 길이 한참 멀고, 이제 한 걸음을 뗀 것뿐이지만 나는

우리 학교를 통해 학생인권조례 제정 이후의 다양한 모습을 꿈꿔 볼
수 있었다.

조례안이 훼손되다

2018년 12월 6일, 교육감이 학생인권조례 중에서 논란이 되는 조
항을 삭제하거나 수정하겠다는 의지를 밝혔다. 교육감은 자신이 '선출
직'이라는 이유를 내세우며 대중의 정서를 따라야 한다는 이유로 학
생의 목소리는 무시해 버렸다. 청소년은 표가 없으니 고려할 필요도
없다는 기만이었다. 우리는 경남 곳곳에서 경남학생인권조례가 훼손
되지 않고 통과되기를 바라는 엽서들을 받아 교육감에게 전달했다.
내 주변에서도 평소에 학생인권조례에 관심이 없다고 생각했던 많은
친구들이 소식을 듣고 나에게 엽서를 보내 줬다. 그렇게 모인 엽서는
목표량을 넘어 100여 개에 달했다. 엽서를 모으는 과정에서는 많은
어려움이 있었지만 다 모인 엽서를 보니 힘이 샘솟는 것 같았다.

교육감에게 엽서를 전달하러 갔던 날 '학생인권조례는 어른들의
선물이니 고마워하라'는 둥, '청소년들이 타협을 할 줄 모른다'는 둥
교육감의 시혜적인 태도에 인상을 찌푸려야 했다. 교육감에게 '원칙적
인 것은 건들지 않겠다'는 것만 약속받고 우리는 자리를 떴다. 엽서를
전달하고 약 두 달 뒤, 교육청이 끝내 수정안을 발표했다는 기사를
마주해야 했다. 어쩌면 학생인권에 대한 감수성이 부족한 교육감이

조례를 발의했을 때부터 예견된 일이었을지도 모르겠다.

　내가 교육청이 수정안을 발표했다는 기사를 본 것은 등교하던 버스 안이었다. 처음에는 그 보도를 믿지 않았다. 믿을 수 없었던 게 아니라 정말로 잘못 보도됐거나 내가 잘못 이해한 줄 알았다. 학교를 마치고 다시 휴대전화를 확인해 보니 조청 단톡방은 이미 난리가 나 있었다. 우리는 긴급 전체 회의를 잡았고, 수정안에 어떤 입장을 취할 것인지 논의했다. 처참히 훼손된 수정안에 회의 분위기는 조금 가라앉아 있었다. 수정안에 동의할 수 없다는 데는 이견이 없었지만 수정안을 받아들이는 쪽이 제정에는 힘을 실을 수도 있다는 의견도 있었다. 반대 세력이 활개를 치며 '수정안도 받아들일 수 없다. 조례 폐기하라'고 주장하는 가운데 우리마저 수정안을 받아들일 수 없다고 하면 조례 제정의 당위성을 잃을 것이라는 게 이유였다. 그럼에도 수정안은 받아들일 수 없을 만큼 훼손되어 있었기에 긴 논의 끝에 개악된 조항이 다시 개선되기를 바라며 비훼손안을 요구하기로 마음을 모았다.

　수정안이 발표된 후 우리가 했던 첫 행동은 〈경남학생인권조례를 원하는 청소년의 촛불〉 6회 차에서 개악안의 무덤을 만드는 퍼포먼스를 하는 것이었다. '우리가 바라는 조항으로 경남학생인권조례 개악안 여기에 묻히다'라는 묘비를 세워 주고, 송판에 개악안을 적어 부수고, 그 위를 초록색 포스트잇으로 덮어 주었다. 초록색 포스트잇에는 학생인권을 위해 필요한 조항을 적었다. 우리는 무덤을 가운데 두고 빙 둘러 서서 떠나간 학생인권조례안을 추모하고 그 무덤 위에 다시 학생인권 보장을 위한 싹이 피어나길 바라며 묵념하였다. 이날 퍼포먼스는 유독 기억에 남는 행사로 뽑히며 아직도 활동가들 입에 오르내리고 있다. 암울했던 상황을 우리는 재밌는 활동으로 잘 이겨 나가고 있었다.

부결되다

훼손된 채로 제정되는 일이 있더라도 제정이 실패할 거라고는 절대 생각하지 않았는데, 내가 너무 안일하게 생각했던 것일까. 2019년 5월 15일 경남도의회 교육 상임위 논의 당일이 되어 나는 학교를 마치자마자 창원으로 가는 버스에 올랐다. 2시간을 달려 도의회 앞에 도착하니 이미 많은 사람들이 와 있었다. 몇은 농성장 옆에 돗자리를 깔고 수다를 떨고 있었고 몇은 편의점에 가는 길이었고, 몇은 경찰청 앞에 세워져 있는 오토바이에 올라타서 놀고 있었다. 도의회 앞 분위기는 너구 화사했다. 그 화사한 분위기를 깨고 참담한 소식이 전해졌다. 교육 상임위원 9명 중 찬성 3표, 반대 6표, 경남학생인권조례안 부결. 몇은 넋이 나갔고, 몇은 서럽게 눈물을 쏟아냈다. 반대 세력과 악수하고 '수고했다'는 인사를 나누며 웃는 얼굴로 퇴근하는 의원들을 향해 분노를 표하는 사람들도 있었다. 그날은 경남학생인권조례안이 논의에 들어간 첫날이었고, 스승의 날이었다.

부결 전과 후의 운동은 정말 달랐다. 나에게는 그랬다. 의원을 조사하는 일이나 돌아가는 정치판을 감시하는 일들이 이전에 하던 일들보다 어렵기도 했지만 부결 전후 진짜 달라진 건 나의 마음이었다. 집회를 열면 신나고 재밌고 힘이 났는데, 부결 후 열었던 두 차례의 반대 의원 규탄 집회는 너무 무서웠다. 지나가는 시민들이 모두 경멸의 시선으로 우리를 쳐다보는 것처럼 느껴졌고, 창원에서 진행했던 원성일 의원 규탄 집회에서는 반대 세력과 직접적인 충돌이 생기기도 했다. 무엇보다도 그들의 광고 트럭에 적혀 있던 문구가 너무나도 폭력적이었다. "우리 아이들을 지켜 주셔서 고맙습니다." 그들이 지킨 '아이들'은 대체 누구일까. 우리가 잡을 수 있었던 마지막 밧줄을 끊어 놓은 사람들한테 도대체 누구를 지켜 줘서 고맙다고 하는 걸까.

경남학생인권조례안의 부결이 스승의 날 선물이라고 떠들어 대는 이도 있었다. 학생인권조례 제정 운동 내내 많은 교사들의 반응이 냉담했기에 나온 말이었다. 그들은 교권 운운하며 학생인권조례 제정을 반대했다. 그들의 교권은 무엇일까. 학생들을 때리고 차별하고 강제로 의자에 앉혀 두는 것을 교권이라고 하는 것일까. 아니면 학생들 위에 군림하여 비판 따위는 듣지 않아도 되는 왕좌의 자리를 교권이라고 하는 것일까. 그것도 아니면 학생을 상대로 한 어떤 폭력도 정당화되어 안정적인 일자리가 유지되는 것을 교권이라고 하는 것일까. 교사들은 뭐가 두려워서 학생의 권리를 그렇게 아니꼽게 봤던 걸까. 학교에서 마주해야 하는 사람들 중에도 학생인권을 경멸하는 사람이 있을 수도 있다는 게 너무 슬프고 무서웠다.

무서움과 슬픔, 이런 감정들이 쌓여 '이 운동을 계속해야 하나' 회의감이 들기도 했다. 실제로 경남학생인권조례가 제정된다고 해도 이런 사회 분위기 속에서는 어떤 것도 바뀔 것 같지 않아 보였다. 그럼에도 나어게는 이 운동을 계속할 이유가 있었다. 학생인권조례라는 밧줄이 썩은 밧줄일 수도, 그 줄을 함께 잡아 끌어 주는 이가 의지가 없거나 힘이 없을 수도 있다. 학생인권조례만으로 학생들의 삶이 완전히 나아지는 것은 아니다. 다른 법들에 비해 강제성이 부족하고 그 효력이 발휘된다고 해도 권력에 의해 약자의 목소리는 쉽게 묻혀 버리니까. 하지만 분명 그 밧줄이 있는 것과 없는 것의 차이는 클 것이다. 학생인권조례는 법의 강제성을 넘는 다른 힘을 가지고 있다. 학생인권조례에는 약 180개에 달하는 조항이 있고 세부적인 호까지 합치면 더 많은 내용을 담고 있다. 이 조항들이 법 속에 자리 잡는 것은 '학생은 존엄한 존재'라는 인식을 확산시키는 힘이 될 것이라 믿었다. 그랬기에 부결 이후에도 운동을 그만두지 않았다.

부결 이후 조례안을 다시 살려 낼 방법이 두 가지 있었다. 7일 이내로 의장이 직권 상정하거나 의원 3분의 2가 찬성하여 안건을 올리는 방법. 하지만 힘 있는 사람들은 우리의 목소리를 들으려 하지 않았다. 결국 다음 회기인 7월 19일까지 기적은 일어나지 않았고 경남학생인권조례안은 자동 폐기되었다. 학생인권조례 제정 운동을 하며 내가 알게 된 것은 교육감이나 정치인들은 우리의 삶에 정말 관심이 없다는 것이었다.

인권운동 1년 만에 벌써 쉬어야 할 때가 온 걸까

부결 이후에도 우리는 계속 활동을 해 나갔다. 앞서 말한 두 차례의 규탄 집회, 원성일, 장규석 의원을 규탄하는 집회를 진주, 창원 각 지역에서 열었다. 7월 자동 폐기가 있기 전에 〈학생인권, 더 이상 기다릴 수 없다〉 집회를 진행하기도 했다. 이 집회는 조청에서 진행한 마지막 집회이다. 7월 자동 폐기를 앞두고 마지막 발악이라고 생각하니 많은 사람이 와 주길 바랄 수밖에 없었다. 우리 학교에는 관심을 가지고 있는 사람도 많았고, 시험 기간도 아니었기 때문에 욕심을 조금 냈다. 45인승 버스를 대절한 것이다. 어느 때보다 열심히 연락을 돌렸고 어느 때보다 많은 사람들이, 무려 19명의 사람이 모였다. 그런데 45라는 숫자 앞에서 한없이 작아지는 19였다. 나의 눈에는 자꾸 빈 좌석들이 밟혔다.

큰 집회라 준비할 것도 많았고 사회를 보기로 해서 챙길 것도 많았다. '지금'의 수다회 준비까지 겹쳤고 거기다가 사람까지 모아야 했다. 친한 사람, 친분만 있는 사람, 어색한 사람, 연락 끊긴 지 오래된 사람 가리지 않고 연락을 넣었다. 이전에도 몇 번 그런 연락을 넣었던 터라 차단을 했는지 답장이 없는 사람도 있었고, 약속이 있다며 거절한 사람도 있었다. 연락을 넣을 때마다 내가 너무 작아지는 것을 느꼈다. 내 제안이 그들을 불편하게 만들었다는 사실이 나를 힘들게 했다. 거절받을 것을 알고 연락을 넣는 것은 그만큼 간절해서이기도 했지만, 그만큼 그 사람을 믿는 것이기도 했다. 그렇게 수차례 무시당하고 거절받다 보니 믿고 연락할 사람의 폭이 대폭 줄어들었다. 그렇게 사이가 서먹서먹해진 사람들이 많다.

이제는 사람들에게 집회에 같이 가자는 연락을 쉽게 하지 못하게 되었다. 진심으로 그 사람과 같이 가고 싶은 마음이 들어도 상대가 나의 제안을 어떻게 받아들일지 걱정부터 앞선다. 집회에 나와 주지 않는 사람들을 보며 정말 본인의 삶에 만족하는 걸까, 이 권리가 필요하지 않은 걸까 의문이 들기도 했다. 내가 뭘 위해 이 운동을 하고 있는지 방황하기도 했다. 마지막 집회 이후 약간의 번아웃이 온 것 같았다. 집회를 가는 일이 영화관을 가는 것만큼이나 자연스럽고 가벼운 일이 되었으면 좋겠다. 누군가의 목소리를 들으려 발걸음을 멈추는 일이, 나의 목소리를 내려 발걸음을 옮기는 일이 자연스럽고 가벼운 일이 되었으면 좋겠다.

우리는 진 게 아니라 아직 못 이긴 거야

우리의 시도는 슬픈 결과를 맞이했지만 분명 의미 있는 움직임이었다. 학생인권조례를 지역 최대 관심사로 만들었다는 것이 첫 번째 의미이다. 학생인권조례를 둘러싼 모든 일들이 거의 빠짐없이 기사화되었고, 학생인권조례를 논의하던 당시 교육청 주변이 모두 학생인권조례와 관련된 현수막으로 둘러져 있었다는 것이 이를 증명해 준다.

청소년운동의 흐름을 만들어 냈다는 것도 빼놓을 수 없다. 이전부터 경남에서 청소년운동을 해 오던 사람들이 모여 촛불시민연대의 청소년행동분과를 구성하며 시작된 조청은 회원 60명을 보유한 독립 단체가 되었다. 조청은 경남에서 크고 작은 집회를 열고 거리로 나가 선전전을 하며 여러 시민을 만났고 학생인권을 알렸다. 조청은 해산했지만 그렇게 만난 사람 중 일부가 지금도 청소년운동을 함께 하고 있다.

세 번째 의미는 활동 기록집 《우리는 진 게 아니라 아직 못 이긴 거야》로 경남학생인권조례 제정 운동을 우리 운동의 역사로 남겼다는 것이다. 2018년 이전의 경남학생인권조례를 제정하기 위한 시도들부터 이번 제정 운동의 자세한 흐름, 운동에 대한 평가, 집회 발언문, 활동가들의 수기, 인터뷰 등이 담겨 있다. 학생인권조례 제정 운동은 잘 기록되지 않거나 기록되더라도 다른 운동들 사이에 작게 기록되는 경우가 많았다. 그렇기에 잘 기억되지 않았고 이번 제정 운동을 하면서도 이전의 기록이 없거나 뿔뿔이 흩어져 있어 힘들었다. 이 기록은 우리의 운동이 기억되게 할 것이고, 앞으로의 청소년운동을 덜 외롭고 덜 괴롭게 할 것이다.

학생인권조례 제정 운동이 끝난 지금 새로운 생활을 준비하며 그때의 운동이 마치 긴 꿈처럼 느껴질 때가 있다. 그럴 때 활동 기록집을 보면 우리의 운동이 실감이 나면서 울컥하기도 한다. 글자로 채워진 책장 한 장 한 장을 넘길 때면 활동가들과 함께 울고 웃었던 날들이 눈앞에 펼쳐진다. 꽁꽁 얼어 있는 거리 선전전의 기억 속에도 장갑을 서로 끼라며 건네는 따듯함이 보이고, 눈물로 얼룩져 있는 부결

활동 기록집 《우리는 진 게 아니라 아직 못 이긴 거야》

날에서도 서로의 눈물을 닦아 주고 위로해 주던 손수건이 보인다. 관심도 없고, 보면 짜증만 나는 정치적 이해관계며 이해할 수 없는 많은 것에 머리 아픈 날들도 많았지만 분명 돌아보면 그리운 날들인 것 같다. 그날들을 그렇게 만드는 것은 역시 함께한 사람들이다. 경남학생인권조례 제정 운동은 그 자체로 나에게 큰 의미가 있다. 덕분에 정말 많은 사람을 만났고, 정말 넓은 세상을 볼 수 있게 되었고, 정말 깊은 생각들을 할 수 있었다.

내 삶을 이뤄 줄 하루하루

나는 나의 이야기를 좀 더 하고 싶다. 지금을 살아가고 있는 내가 얼마나 행복한지 자랑하고 싶다. 나의 입시와 학교생활이 얼마나 끔찍했는지를 여기저기 말하고 다니고 싶다. 나의 목소리를 들은 누군가가 '나도 힘들다'고 외쳐 주기를 바라면서 말이다. 모두가 힘들다고 외칠 때 세상은 그제야 약간 꿈틀하기 시작하니까. 2020년 가장 기대되는 날은 수능 날이다. 이날 나는 서울로 올라가 대학 입시 거부를 온몸으로 외칠 것이다. 대학 입시 때문에 유보되었던 우리의 지금을 내놓아라 소리칠 것이다.

조청은 해산한 후, 이름도 없는 '이후모임'을 준비하고 있다. 우리는 계속해서 경남에서 청소년인권운동을 만들어 나갈 것이다. 그것도 아주 재미나게 말이다. 마침 어제가 '이후모임'을 준비하는 사람들이 모여 회의하는 날이었는데 사람들이 아주 회의 천재가 되었는지, 놀기 천재가 되었는지 회의를 노는 것처럼 진행해서 정말 즐거운 시간을 보냈다. 내년 학생의 날까지 무슨 일이 경남에서 일어날지를 상상하고 '이후모임'이 어떤 모습이길 바라는지 스케치해 보았다. 운동을 시작할 즈음에도 비슷한 프로그램을 진행했는데 사람들이 이야기하는 것들이 지금 훨씬 쉽게 머릿속에 그려지는 것이 느껴지니 참 신기했다.

제정 운동을 하는 동안에는 내가 모르는 것도 많고 정체돼 있는 것 같아 답답하고 불안했었다. 하지만 빨리빨리 찍어 내는 학교의 지식과는 다른 더 길고, 크고, 깊은 것이 내 몸에 서서히 스며들고 있었다. 서서히 스며들어서 한참 뒤에 돌아봤을 때 변한 내 모습을 볼 수 있는 삶을 살고 싶다. 나는 요즘도 인권을 공부하고 있다. 이제는 '공부하다'보다는 '위로받는다'는 표현이 더 잘 어울리지만. 성공보다는 평등을 좇으며 살아가고 싶다. 사실 무엇도 좇지 않아도 되는 삶을 살고 싶지만.

이제 법 제정 운동은 하지 않으려 한다. 기회가 닥치면 또 어떤 선택을 할지 모르겠지만 법은 여전히 나에게 어렵고 이해 안 되고 힘든 것이다. 제발 자유와 평등과 안전을 법으로 보장받지 않아도 되는 삶을 살고 싶다. 서로가 서로의 밧줄이 되어 주는 세상을 만들고 싶다.

외면은 그만,
이제는
직면할 시간

멸종 위기 청소년들의 생존을 위한 기후 파업

청소년 기후행동(윤현정·박서현·김보림·김도현)
youth4climateaction.kr@gmail.com

청소년 기후행동은 기후 위기의 가장 큰 피해자이자 당사
자로서 정부를 비롯한 기성세대에게 적극적인 기후 위기
대응을 촉구하고 있다. 현재 전국 30여 개 지역의 청소년
활동가들이 함께하고 있다.

2018년 8월, 우리는 기후 변화를 이야기하는 자리에서 우연히 만났다. 이후 기후 관련 포럼 등에 함께 다니며 청소년인 우리가 기후 위기를 막기 위해 할 수 있는 게 있을까라는 고민을 나누었다. '기후 변화의 가장 큰 피해자이자 가장 오랜 시간 동안 책임지고 살아가야 하는' 청소년인 우리를 대변해 주는 사람은 없다는 생각이 점점 명확해졌기 때문이다.

당시 해외에서는 청소년들이 기후 위기에 대한 책임을 정부에 묻기 위해 기후 소송을 진행하고 있었다. 우리도 소송이라는 방식으로 정부에 책임을 요구할 수 있지 않을까 고민했다. 청소년은 정치적 목소리를 내면 안 된다는 인식이 강한 한국 사회와 기성세대에게 기후 변화의 책임을 요구하는 효과적인 방법이라는 생각도 들었다. 이 소식을 듣고 소송을 도와주겠다는 분들이 감사하게도 참 많았다. 그러나 청소년들이 주체가 되어 정책 변화를 요구하는 논의 구조를 만들기에 한국 사회는 생각보다 매우 척박했다. 이런 우리 사회의 한계를 느끼고 고민하는 동안 6개월이란 시간이 흘렀다.

2019년 2월, 기후 위기의 심각성은 날로 커지는데 한국 사회의 변화는 찾아볼 수 없었다. 무대응으로 일관하는 참담한 현실은 우리가 살아갈 미래를 절망적으로 느끼게 했다. 우리의 미래가 결정되는 이 시기에 당사자로서 목소리를 낼 수 없다는 게 슬펐다. 개개인이 일상에서 작은 실천들을 늘려 가는 것 말고는 할 수 있는 게 없었다. 이 거대한 기후 위기 문제를 해결할 수 있는 방법을 찾고 싶은 마음이 점점 더 간절해졌다. 마침 전 세계적으로 확산되는 청소년들의 기후 파업Climate Strike 또는 School Strike*을 보면서 용기를 얻었다. 그리고 전 지구적인 첫 번째 동시다발 기후 파업에 우리도, 한국 청소년들의 목소리를 모아 동참하기로 결심했다.

응답하라 대한민국

우리는 기후 변화에 너무나도 미온적인 정부에 제도와 정책을 마련하라고 촉구하기 위해 〈기후를 위한 결석 시위〉를 준비했다. 기후 파업을 하기로 한 3월 15일 금요일에 맞춰 처음으로 집회 신고도 했다. 매일같이 아이디어를 모았고 발언문을 쓰고 고치길 반복했다. 길을 걸을 때면 틈틈이 종이 박스도 주웠다. 결석 시위 행사장에 종이 박스를 활용한 조형물을 세우기 위해서였다. 우리는 행사 전날 '성장만을 외치는 피라미드 사회의 끝에는 기후 재난의 위협만 남을 뿐'이라는 의미로 피라미드 모양의 조형물을 밤을 새워 만들었다. 결석 시위에 동참할 청소년들에게도 종이 박스를 재활용해 각자 하고 싶은

---

* 기후 변화 대책 마련을 요구하는 시위에 참여하기 위해 학교에 결석하거나 회사에 출근하지 않는 것을 뜻한다.

2019년 3월 15일 금요일에 광화문 세종문화회관 계단 앞에서 〈기후를 위한 결석 시위〉가 열렸다.

말을 적어 올 것을 요청했다.

기대 반 걱정 반으로 결석 시위를 준비했는데 당일 생각보다 많은 이들이 모였다. 무려 300여 명에 달하는 청소년들이 기후 위기를 해결하기 위해 함께해 주었다. 그날 우리는 오랫동안 벼려 온 기후 위기에 대한 생각을 마음껏 외치며 미친 듯이 재밌고 유쾌하게 시위를 즐겼다.

시위의 마지막은 청와대를 향한 행진이었다. 미세 먼지가 가득한 누런 하늘에서 흙비가 내리기 시작했다. 우리는 아랑곳하지 않고 정부의 기후 변화 대응을 촉구하며 청와대를 향해 행진을 시작했다. 청소년 기후행동의 요구를 담은 서한을 전달하기 위해 동료 몇 명이 청와대에 들어갈 수 있었다.

우리는 흔히 말하는, 좋은 세상에 사는 축복받은 미래 세대입니다. 그러나 우리는 아직도 선택지가 없는 편리가 왜 행복이고 축복이라 불리는지 그 이유를 잘 모르겠습니다. 옛날처럼 배를 굶는 일은 없지만 숨을 쉬지 못하고, 따뜻한 집이 있지만 제대로 머물지 못하는 삶이 우리가 흔히 생각하는 축복은 아닐 것입니다.

매일 마스크를 끼고, 눈이 오지 않는 겨울을 보내고, 뿌연 하늘을 하루하루 보다 보면 어느새 여름이 다가옵니다. 선택지가 없는 소비 시스템과 끝없는 입시의 굴레를 도는 학생들이 바로 여러분이 말하는 축복받은 세대의 모습입니다.

우리는 편리 속에서 살아가지만 그 편리에 비해 앞으로 짊어져야 할

짐이 너무나도 큽니다. 그런데도 어른들은 우리를 미래 세대라고 부르면
서, 열심히 공부하여 미래를 만들어 나갈 책임은 우리에게 주어졌지만,
현재를 바꾸기 위한 권리는 우리 청소년들에게 주어지지 않았습니다.
그러나 우리는 기후 변화를 막을 수 있는 가장 중요한 시기를 지나고 있
고, 그만큼 우리들이 앞으로 짊어져야 할 짐이 무겁습니다.

– 청와대에 전달한 서한 중에서

동료들을 기다리는 동안 시위대는 차가운 흙비를 맞으면서도 기후
위기에 대응할 제도와 정책을 마련하라며 신나게 구호를 외쳤다. 청소
년들이 함께 모여 기후 변화를 막기 위해 행동하고 있다는 생각에 가
슴이 벅차올랐다. 오늘처럼 함께 마음을 모은다면 변화를 맞이할 수
있을 것 같다는 희망이 우리를 들뜨게 만들었다.

정신을 차려 보니 모두 돌아간 광장에는 비에 축축하게 젖어 버
린 피라미드와 우리들만 우두커니 서 있었다. 맥이 탁 풀린 채로 쓰
레기를 줍고 뒷정리를 했다. 힘들었지만 마음은 희망으로 가득 차 있
었다. 기후 위기의 심각성을 인지한 순간부터 갈증이 우리 안에 존재
했다. 당장 작은 목소리라도 내고 싶었지만 마땅한 창구가 없었기 때
문이다. 그 갈증이 서서히 풀리는 느낌이 들었다. 무엇보다 그날 우리
는 나이와 지역을 뛰어넘어 서로가 서로에게 온전한 동료가 되었다.

변화가 쉽게 따라오지 않는다는 건 잘 알고 있었다. 결석 시위가
언론에 보도되고 세간의 관심도 받았지만, 우리는 '기특한 청소년' 그
이상도 이하도 아니었다. 단순히 알고 있는 것과 직접 경험하는 것은

차원이 달랐다. 어렵고 복잡한 현실을 마주하자 덜컥 겁나기도 했다. 하지만, 기후 위기는 무서운 속도로 심각해지고 있기 때문에 우리의 삶을 지속하기 위해서는 모든 사회 시스템을 바꿔야만 했다. 청와대가 응답하지 않는다면 우리와 가장 가까운 교육 시스템부터 전환해야 한다는 생각이 들었다.

두 번째 기후 파업일이자 결석 시위가 진행된 2019년 5월 24일 금요일, 우리는 서울시교육청을 향해 행진했다. '응답하라 교육감'이라고 쓴 피켓을 들고, 기후 위기 대응을 위한 교육 시스템의 전환을 외쳤다. 이후 마주한 현실은 너무나도 불편했다. 서울시교육청의 담당 부서와 미팅을 하게 되었는데, "우리 부서의 업무에 무엇을 추가하면 되느냐?"라고 묻거나 "환경 교사를 늘리면 되느냐? 그러면 인사과에 요구해야 한다"라는 식의 답변만 돌아왔다. 우리의 요구에 대해 단순 민원을 처리하듯 행정적 태도로 일관했다. 그래서 교육감과의 면담을 요청했는데 두 달 동안 어떤 답도 돌아오지 않았다.

사회도 마찬가지였다. 청소년들에게 미안하고 고맙다고 말하는 어른들이 많아졌지만, 옆에 서서 함께 기후 위기를 외쳐 주는 사람은 많지 않았다. 대신 '기특한 청소년들'이라는 수식어를 붙이며 자신들의 행사에 초대하려는 요청만 이어졌을 뿐이다. 심지어 자신들의 요구에 응하지 않으면 괘씸죄를 선사하기도 했다. 기성세대가 우리를 대하는 태도에는 애정 어린 시선도 있었지만 현실의 한계도 가득 담겨 있었다. 기특한 청소년이라는 말은 문제의 본질을 주목할 수 없게 만들었다. 청소년은 미성숙한 존재라는 전제가 내포된 그런 말들은 어른들이 보기에 훌륭한 '청소년'은 만들어 낼 수 있다. 하지만 우리가 왜 기후 위기를 외치고 있는지, 얼마나 시급하고 심각한 문제인지에 대해서는 주목할 수 없게 만들었다.

참 이상했다. 지금 이 순간에도 우리의 미래는 점점 사라지고 있는데, 이 상태로 2050년을 마주하게 된다고 상상하면 감당이 안 되어 자꾸만 눈물이 나는데, 1분 1초도 허비할 시간이 없는데 사회는 우리의 이야기를 들어 주지 않았다. 그럴수록 우리는 정책과 정치 변화를 직접적으로 요구할 수 있는 장을 만드는 일이 절박해졌다. 사회적 약자인 우리가 할 수 있는 일은 힘을 내서 계속 발언하는 것뿐이었다. 정책 논의 구조에서 소외된 이들은 사회를 향한 발언을 멈추지 말아야 한다. 그것만이 우리의 일상과 생존권을 지킬 수 있는 희망이고 우리가 살아갈 미래를 조금 더 정의롭게 만들 수 있는 길이기 때문이다.

생활 속 작은 실천은 얼마든지 할 수 있지만 정책과 제도를 만들어 가는 게 문제였다. 온실가스 배출을 줄이기 위한 노력은 우리들에게는 이미 일상이 되었다. 생활 전반을 돌아보며 어디서 온실가스가 배출되는지 찾아보고 정보를 공유했다. 아보카도와 고기를 먹지 않겠다고 선언한 동료들도 있다. 육식의 폐해는 이미 널리 알려져 있겠지만, '아보카도는 왜?'라는 의문이 들 수도 있겠다. 아보카도 소비가 많아지자 재배지 확장으로 인한 산림 파괴가 심각해졌고 후숙 과정에서 나오는 온실가스도 상당하기 때문이다. 이 밖에 이면지만 쓰거나 하교할 때 소등을 전담하며 종이와 전기를 아끼려고 노력하고 있다.

하지만 이런 작은 실천으로 기후 변화를 막기에는 그 속도가 너무 빠르다. 작은 실천을 차곡차곡 쌓아서 기후 재난의 위협으로부터 우리의 미래를 지키기에는 정말 시간이 부족하다. 그래서 우리는 대중에게 참여를 요청하고 정부에 정책 변화를 요구할 수밖에 없다.

지푸라기라도 잡고 싶은 마음

3월의 희망은 온데간데없이 사라져 버렸다. 정부의 정책 변화도 없었고, 기후 위기 해결을 외치는 이들도 크게 늘어나지 않았다. 사회 구성원들의 미온적이고 무관심한 태도가 원망스러웠다. 변화하지 않는 현실이 너무 가슴 아팠다. 감당할 수 없이 커져 버린 미래에 대한 걱정으로 무기력과 우울감이 온 적도 많았다. 실제로 많은 청소년들이 기후 문제로 인해 우울감을 느끼고 있다. 기후 위기라는 전 지구적 문제에 더해 이에 무관심한 현실의 벽에 가로막히기까지 해서 정말 답답했다. 하지만 두 손 놓고 있을 수만은 없어 당장 할 수 있는 것들을 찾기 시작했다.

일단 더 많은 동료들을 만들어야 했다. 기후 위기를 자신의 문제로 받아들이는 사람들이 많아져야 정부의 정책 변화를 이끌어 낼 수 있기 때문이다. 그래서 기후 문제를 이야기하는 자리에는 빠지지 않고 참여했다. 청소년들이 모여 기후 변화에 대해 연설하는 자리가 만들어졌다고 해서 가 보기도 했다. 하지만 그곳에는 그야말로 연설을 잘

하는 청소년들만 있을 뿐, 기후 위기를 절박하게 외치는 동료들은 존재하지 않았다.

답답한 마음에 7월에는 피켓을 들고 거리로 나가 기후 위기를 알려 보자고 했다. 여름 방학 동안 시간이 날 때마다 여의도, 홍대, 광화문, 인사동 등 도심 곳곳에서 거리 시위와 캠페인을 펼쳤다. 10년 뒤 우리의 미래가 온전하게 존재하지 않을 수도 있음을 알리고 기후 위기에 대한 경각심과 관심을 불러일으키고 싶었다. 여의도와 홍대에서는 지하철역과 횡단보도 앞에서 기후 위기를 알리는 피켓을 들고 서 있었다. 광화문에서는 피켓과 홍보물을 덮고 거리에 눕는 퍼포먼스를 하기도 했다. 멸종 위기종 피켓을 등에 붙이고 돌아다니기도 했고, 멸종 위기종 전시회를 거리에서 열기도 했다.

무더위 속에서 거리 시위와 캠페인을 할 때면 서로의 마음을 보듬어 줬다. 우리가 먼저 지치지 않게 이만하면 충분히 잘하고 있다며 서로 격려하려고 노력했다. 그럼에도 정말 힘들고 어려웠다. 모든 사람들이 일상에서 기후 위기를 외치게 하자고 다짐했지만, 정작 우리 안의 목소리를 듣는 것조차 버거울 때도 있었다. 매주 토요일에 하는 거리 시위를 준비하는 것도 보통일이 아니었다. 학교와 학원을 마치고 모이는 밤 10시, 11시에 회의와 작업을 시작할 수 있었다. 한창 바쁠 때는 밤을 꼬박 새워 가며 회의를 하곤 했다. 다들 힘들었지만 힘들다는 내색조차 하지 못했다. '더 잘할 수 있었을 텐데……' 하며 오히려 서로에게 미안해했다. 시간과 여유를 두고 하면 좋았을 테지만 그럴 수 없는 현실이 안타까웠다. 반대로 아직은 기후 위기에 대응할 시간이 남아 있다는 사실에 감사해하며 즐겁고 행복하게 활동하기도 했다. 그만큼 선택의 여지가 없기에 포기할 수도 없었다.

무더위가 기승을 부리는 한여름이 되자 상황이 점점 바뀌기 시작했다. 각계각층에서 기후 위기를 말하기 시작했다. 그러다 8월 중순 서울시 교육감과의 미팅이 성사되었다. 처음으로 우리의 이야기를 제대로 전달할 수 있는 자리가 주어진 것이다. 우리는 기후 위기에 대응하기 위해 교육 시스템을 전환한 사례를 찾아 자료를 모으고 분석했다. 그리고 다음과 같은 요구 사항을 서울시 교육감에게 전달했다.

우선 기후 위기의 시급성을 반영하여 실질적인 기후 위기 교육을 해 줄 것을 요구했다. 교육청의 예산이 석탄에 투자되어 기후 위기를 가속화시키지 않도록 석탄에 투자하지 않는 은행을 금고로 선정해 줄 것도 요구했다. 또 탄소 배출 제로 학교 운영과 학교 급식의 채식 선택권 보장, 기후 활동 지원 등을 요구했다. 청소년들의 기후 행동을 공식적으로 지지하고 문제 해결의 주체로서 우리의 행동을 존중하고 사회 참여를 지지해 달라고도 요청했다.

한 달 후인 9월에 서울시장과 서울시 교육감은 기후 위기 대응을 담은 〈생태문명 전환도시 서울 선언문〉을 발표했다. 앞으로 모든 정책 수립 및 추진 시 기후 위기 대응과 생태적 전환에 집중할 것을 공표하는 내용이었다. 더불어 서울시 교육감은 우리가 두 차례에 걸쳐 전달한 〈멸종 위기종 청소년들의 요구 사항〉에 응답한다며 선언문을 읽었다. 정말 반가운 소식이었다.

내친김에 우리는 하루를 통으로 결석해서 더 큰 행동으로 보여 주자고 결심했다. 한국 사회에 '청소년들이 왜 거리로 나오게 되었는지'를 한 번 더 각인시키고, 기후 문제의 시급성과 심각성을 더 많은 사람들에게 알려 동참할 수 있도록 해야 했다.

기후 위기 대응 영역 '빵점'과 '무책임 끝판왕 상'

9월 27일 금요일에 세 번째 〈기후를 위한 결석 시위〉를 진행하기로 했다. 3월과 5월에 진행된 결석 시위는 오후 3시에 시작해서 엄밀히 말하면 '결석' 시위가 아니었다. 더 과감한 행동이 필요했고 그만큼 준비도 더 많이 해야 했다. 우리는 한 달 전부터 행사 준비에 돌입했다. 인력은 고작 5명뿐이었다. 학교 수업은 수업대로 받아야 하는 상황이라서 매일 새벽까지 회의와 일을 하느라 정말 힘들었다. 당일 시위대와 함께 할 퍼포먼스를 정하고, 정부에 전달할 서한을 작성하고, 인터뷰를 준비하고, 물품을 주문하고 만드느라 정말 쉴 새가 없었다. 시위가 예정된 9월 27일 즈음에 다른 집회들은 왜 그렇게 많은지, 당초 집회 신고를 하려고 했던 장소도 바꿔야 했다.

여기까지가 우리 청소년 기후행동의 몫이라면, 시위에 얼마나 많은 청소년들이 참여할 수 있을지는 개인의 의지에 달려 있었다. 한국 사회에서 더구나 학교에서 기후 위기에 대해 목소리를 내려면 감당해야 할 어려움과 장애물이 너무나 많다. 그 사실을 누구보다 더 잘 알고 있는 우리는 결석 시위에 '얼마나 많은 청소년들이 참여할까?' 하는

2019년 9월 27일 금요일, 광화문 세종로공원에서 세 번째 〈기후를 위한 결석 시위〉가 열렸다. 이날 시위는 가을 운동회와 한국 정부의 기후 정책을 평가한 성적표 공개, '무책임 끝판왕 상' 수여식, 청와대 행진 등으로 진행됐다.

걱정이 들었다. 밤을 꼬박 새우고 시위 당일 새벽에 일찍 모인 우리는 짐을 옮기고 무대 세팅을 했다.

그런데 생각지도 못한 장소 문제가 생겨 아침부터 준비했던 계획이 모두 뒤틀려 버렸다. 멘붕이 온 상태로 헐레벌떡 뛰어다니며 바쁘게 행사 준비를 마치니 어느덧 약속된 오전 10시가 되었다. 당일 광화문 세종로공원에는 청소년 700여 명이 기후 위기에 대한 각자의 메시지를 담은 피켓을 들고 전국에서 모여들었다. 종이 박스를 재활용해 만든 피켓에는 '기후악당* 국가의 국민이 되기 싫다', '우리는 멸종되기 싫어요' '내 미래를 망치지 말아 주세요' 등 다양한 구호가 적혀 있었다.

결석 시위의 전체적인 콘셉트는 가을 운동회였다. 참여자들과 함께 석탄공 발로 차기, 무책임 림보, 지구 제기차기 같은 게임을 했다. 막바지에는 박 터뜨리기도 진행했다. 참가자들이 콩 주머니를 던져 박을 터뜨리자, '온실가스 배출 제로(2050 NET ZERO)', '석탄 그만(STOP COAL)'이라고 적힌 현수막이 펼쳐졌다. 그리고 한국 정부의 기후 정책에 대해 우리 나름대로 평가한 '성적표'도 공개했다. '문제 파악력', '의지와 적극성', '신뢰성 및 구체성'으로 평가 항목을 나누어 점수를 매겨 봤는데, '빵점'이 나왔다. 빵점이라고 적힌 성적표와 함께 '무책임 끝판왕 상'이라는 상장도 만들었다. 지금은 비록 '무책임 끝판왕'

---

* '기후악당'은 지난 2016년 영국의 환경감시단체 기후행동추적CAT이 한국, 사우디아라비아 등 4개국에 "1인당 온실가스 배출량 증가 속도가 빠르고 기후 변화 대응이 미흡하다"며 붙여 준 오명이다.

이지만 앞으로는 '책임 끝판왕'이 되어 달라는 의미였다. 우리는 성적표와 상장을 앞세우고 신나게 구호를 외치며 청와대까지 행진했다. 비록 대통령을 만나지는 못했지만, 청와대 시민사회수석실 소속 관계자를 만나 기후 위기 대응을 촉구하는 등 이야기를 나눌 수 있었다.

그렇게 세 번째 결석 시위가 정신없이 끝나고, 지친 우리는 카페에 앉아 목이 컬컬해질 때까지 울었다. 더 잘하지 못한 것이 아쉬웠고, 기후 위기 대응을 위해 이렇게까지 해야 하는 현실이 속상했다.

변화는 시작되었다

9월 27일을 기점으로 많은 변화가 생겼다. 언론과 시민들의 관심이 놀랄 만큼 높아졌다. 자신의 삶 속에서 기후 변화를 이야기하고, 자신만의 방식으로 기후 위기에 대응하기 위해 준비하고 행동하는 이들도 많아졌다. 우리 곁에 서는 사람들이 늘어나는 것을 보면서 큰 희망을 얻었고 더 많은 일을 할 수 있겠다는 확신이 들었다. 무엇보다 '기특한 청소년'이 아닌, 기후 위기 당사자로서 우리가 얼마나 절박하게 활동하고 있는지 알아봐 주는 것 같았다.

당시 우리는 청소년 기후행동을 주체적이고 독립적인 전국 단위의 청소년 기후 운동 조직으로 확장하려는 고민을 하고 있었다. 때마침 청소년 기후행동에 동참하고 싶다며 전국의 청소년들로부터 연락이 쇄도했다. 그들은 온전한 주체로서 함께하며 자신들의 목소리를 내고 싶어 했다. 이렇게 실제 활동 인원이 5명이던 청소년 기후행동은 50명의 운영·기획 멤버와 30여 개 지역의 청소년들이 공식 멤버로 활동하는 전국 단위 조직으로 발전하게 되었다.

학교는 여전히 청소년들의 활동을 제약하고 교실 안에 붙잡아 두려고만 했다. 동료 한 명이 학교로부터 '결석 시위 참여는 학교의 명예를 훼손하는 일이니 징계할 수 있다'는 부당한 압력을 받은 일이 있었다. 이런 불의한 상황에 직면해도 학생 개개인은 대응할 방도가 없다. 학교는 아직도 입시라는 굴레를 씌워 학생들을 가두어 두려고만 할 뿐이었다. 기후 위기 대응도 환경교육이면 충분하다는 입장이어서 현실과의 괴리가 심각한 상황이다. 우리는 결석 시위에 참여했다가 부당한 징계 압력을 받은 동료들을 돕고 싶었다. 청소년 기후행동의 이름으로 언론과 인터뷰도 하고 국회의원과 협력해 국정감사에서 교육부 장관에게 해당 내용을 질의하고 답변을 받기도 했다. 당시 교육부 장관은 "학생들이 문제의식을 가지고 소신을 펼치는 행위도 체험이나 학습이라고 생각한다"면서 "학습권이 보장되도록 시·도교육청과 적극적으로 조처하겠다"고 말했다. 한번은 환경부 장관이 면담을 요청해 와서 우리의 고민과 요구를 전달하기도 했다. 그리고 전국을 다니며 우리를 지지해 주고 우리와 함께해 줄 사람들과 연을 맺기 시작했다.

2020년, 올해부터는 기후 변화로 인해 생태계가 무너지고 있는 현장을 답사하며 공부도 하고 있다. 지난 1월에 방문한 한라산 성판악의 구상나무 군락은 하얗게 말라 죽어 가고 있었다. 구상나무는 세계

자연보전연맹IUCN이 지정한 절멸 위기종으로 한라산, 지리산, 덕유산 등 우리나라 일부 남부 지역에만 자생하고 있다. 이대로 고사가 진행된다면 50년 후에는 구상나무 등 한라산의 고산 식물들이 모두 사라질 것이라고 한다. 이 밖에도 고수온 현상으로 피해를 입은 어민과 백화 현상이 심각해지고 있는 바다를 목격하고 계신 해녀들, 빈번한 기상 재해로 피해를 입은 무 재배 농가 등을 방문해 기후 위기를 체감하고 있는 당사자들의 목소리를 들어 봤다.

기후 변화는 더 이상 먼 미래의 일이 아니다. 다음에는 인간인 우리의 일상을 침범할 것이다. 문제는 우리가 그것을 인지하는 순간은 되돌리기엔 너무 늦은 때일 수도 있다는 점이다.

IPCC*가 권고한 대로 지구 평균 온도 상승을 1.5℃ 이내로 제한하기 위해서는, 빠른 시일 내에 탄소 배출 제로를 달성해야 한다. 이것이 지구 생태계가 붕괴되고 기온이 걷잡을 수 없이 올라가는 '기후 파국'을 막을 수 있는 가장 확실한 방법이다. 개인의 작은 실천도 당연히 중요하다. 하지만, 기후 파국을 막기 위해서는 사회 전반의 변화와 이를 위한 정책이 제대로 마련되지 않으면 안 된다. 청소년을 포함한 모두의 미래와 권리를 보장하기 위해서는 한국 정부가 반드시 기후 위기에 대응하며 사회 전반의 정의로운 전환을 위한 단계적이고 체계적인 계획을 세워야 한다. 실효성 있는 정책을 마련하고 기후 관련 법

---

* 기후 변화와 관련된 전 지구적 위험을 평가하고 국제적 대책을 마련하기 위해 세계기상기구WMO와 유엔환경계획UNEP이 공동으로 설립한 유엔 산하 국제 협의체이다.

2020년 3월 13일 청소년 기후행동 소속 청소년 19명은 대통령과 국회를 상대로
기후 위기 대응을 촉구하는 헌법소원을 청구했다.

을 만들어야 한다. 그러나 우리 정부는 대책 마련을 등한시하고 있다. 우리가 청소년의 목소리로 실효성 있는 정책 마련을 촉구하는 것도 이 때문이다.

그래서 지난 2020년 3월 13일 청소년 기후행동에 소속된 청소년 19명은 대통령과 국회를 상대로 기후 위기 대응을 촉구하는 헌법소원을 청구했다. 정부가 2016년 5월 〈저탄소 녹색성장 기본법 시행령〉을 개정해 '2020 온실가스 감축 목표'를 폐기했기 때문이다. 이는 우리의 생명권, 행복추구권, 환경권, 평등권, 인간다운 생활을 할 권리를 침해해 헌법을 위배하는 것이다. 3월 24일, 우리가 낸 헌법소원이 심판에 회부되었고, 헌법재판관들의 현명한 결정을 기다리고 있다.

최근 정책과 제도의 변화를 실감할 수 있는 반가운 소식이 들려왔다. 지난 6월 서울시교육청이 생태 전환 중장기 계획안을 마련해서 채식 급식 선택권을 도입하고 탄소 배출 제로 학교, 기후 활동 지원 등을 포함한 교육의 생태적 전환 계획을 발표했다. 더구나 교육청의 금고 선정 시 석탄에 투자하지 않는 은행에 가산점을 주겠다는 결정도 내렸다. 교육청이 청소년 기후행동의 요구를 수용해 교육 시스템을 전환하기로 결정한 것이다.

기후 변화의 심각성을 알고 나서부터 걱정과 불안으로 우울하기만 했다. 정부에 실망하고 기성세대에 대한 배신감은 커져만 갔다. 기후 위기로 인해 무너질 수도 있는 일상과 미래가 두렵고 절망스럽기도 했다. 누군가는 돌이킬 수 있는 시간이 5년밖에 남지 않았다고 하고,

누군가는 8년이 남았다고, 또 다른 누군가는 이미 지나 버렸다고 말했다. 그렇다고 손 놓고 지켜보기만 할 수는 없다. 나 자신과 내가 사랑하는 사람들이 살아갈 미래는 더없이 소중하기 때문이다.

기후 위기 앞에 그 누구의 삶도 무너져서는 안 된다. 우리는 지금 변화를 마주하고 있다. 정책 변화도 조금씩 진행되고 있고, 기후 위기에 대한 관심도 높아지고 있다. 무엇보다 전국의 청소년들이 우리와 함께 기후 위기 대응에 나서고 있다. 그러니 더 많은 이들이 함께 고민하고 행동해 주었으면 좋겠다.

우리게는 소소한 꿈이 하나 있다. 3년 이내에 청소년 기후행동이 기후 위기에 주도적으로 대응할 수 있는 조직으로 성장하는 것이다. 우리의 목소리로 기후 위기에 대응하며 미래를 맞이하고 싶다. 청소년 기후행동은 이 우울한 시대를 함께 살아가고 있는 동료로서 우리의 삶과 미래를 지킬 수 있게 계속 행동할 것이다.

3부

아픔에 공명하는
우리가 되기를

/

"기억하겠습니다.
잊지 않겠습니다"

/

6년을 지나온 나와 세월호의 시간

김수현 onnurisuhyun@gmail.com

볍씨학교를 졸업한 지 얼마 되지 않아 '이제 뭘 해 볼까?'
고민하다가 자꾸 뭔가 대단한 것만 하고 싶어지길래, 그 안
의 "나"를 찾으려고 다시 생각을 지웠습니다. "세월호", "집
회"를 떠올리면, 항상 앞에서 발언하고 행동하는 사람들이
대단해 보였는데, 그냥 나대로 살면서 함께하려고요.

304명의 생명을 앗아 간 세월호 참사가 일어난 지 벌써 6년이 넘었습니다.

세월호 참사가 일어났던 2014년, 저는 초등학교 4학년이었고, 6년이 흐른 지금, 그때의 단원고 언니, 오빠들과 같은 고등학교 2학년 나이가 되었습니다.

그동안 참 많은 일이 있었습니다. 두 번의 특별조사위원회가 꾸려졌고, 당시 대통령이었던 박근혜가 탄핵됐고, 세월호가 인양되었습니다. 그런데도 세월호의 진실은 아직 많이 밝혀지지 않았습니다. 가장 안타까운 것은 세월호가 사람들의 마음에서 차츰 멀어지고 있는 것입니다. 조금씩 세월호라는 사건에 대한 마음이 무뎌지고 있습니다. 특히 2020년, 올해 세월호 6주기는 4.15 총선 다음 날이라 선거 결과에 묻혀, 또 2월부터 시작된 코로나19 사태의 여파로 제대로 추모할 기회조차 갖지 못하고 지나가고 말았습니다.

작년 4월 16일, 저는 제주에서 있었던 세월호 집회에 참여했습니다. "늘 항상 함께하지 못해 죄송합니다. 끝까지 함께하겠다고 했는데 그러지 못하고 이맘때쯤에만 행동해서 죄송합니다." 집회에서 누군가 한 그 말에 너무나도 공감이 되어 마음이 아팠습니다.

나, 그냥 한 사람의 세월호 이야기

세월호 관련 글을 써 보지 않겠냐는 제안을 받았을 때, '내가 이 글을 쓸 자격이 있을까?' 하는 생각이 들기도 했습니다. 한편으로는 위축이 되었기 때문입니다. '집회에 가서 발언 한번 제대로 해 본 적 없는 내가 세월호에 함께했다고 말할 수 있을까?' 하는 생각이 들었습니다. 세월호 집회에, 모임에, 연극에 참여하기는 했지만, 그 중심에 있지도 않았고 세월호에 관련해서 모든 것을 다 알고 있지도 않았습니다. 떠올려 보니 초등학교 5학년 마지막 나들이 장소를 결정할 때, 경기 안산의 세월호 추모 공간에 갈지 아이스 스케이트장을 갈지 논의하는 과정에서 안산으로 가자는 의견을 당당히 주장하지 못했던 기억도 있습니다. 그런 내가 무슨 얘기를 할 수 있을까. 고민이 많이 되었습니다.

그럼에도 글을 써 보겠다고 한 것은 그냥 제 이야기를 해 보고 싶어서였습니다. '대단한 누군가가 아니어도 된다. 그냥 세월호 참사와 함께하고 있는 당신의 이야기를 하면 된다'는 얘기가 와닿았습니다.

2017년 봄, 세월호가 인양되었을 때 목포항에 찾아가서 유가족분들의 이야기를 들었습니다. 만나는 동안, 그분들은 저희에게 잊지 않아 줘서, 함께해 줘서 고맙다는 이야기를 열 번, 스무 번도 넘게 해 주셨습니다. 분명 우리가 힘이 되어 드리고자 찾아갔는데, "함께해 주어서 고맙다"는 그분들의 말씀이 제게 더 큰 힘이 되었습니다. 그리고 앞으로도 계속 함께하겠다는 다짐을 하게 되었습니다. 이 글을 통해 저처럼 특별한 누군가가 아니어도, 모든 진실을 다 알지는 못해도, 분명히 아직도 우리는 함께하고 있다는 이야기를 하고 싶었습니다.

2014년 4월 16일, 저는 초등학교 4학년이었습니다

글을 쓰려다 보니 6년 전, 세월호 참사 당일의 기억이 가장 먼저 떠올랐습니다.

2014년 4월 16일, 학교에 갔다 돌아온 저는 다른 사람들보다 한발 늦게 세월호가 침몰했다는 이야기를 들었습니다. 학교 숙제를 하던 중이었습니다. 집에 오면 항상 틀어져 있던 라디오 뉴스에서 제주도로 가던 버가 침몰했다는 이야기가 흘러나왔습니다. 처음에는 별로 대수롭지 않게 생각했습니다. 정확히 무슨 상황인지 알지 못했고, 또 전원 구출이라고 해서 별로 걱정도 하지 않았습니다. '다 구했구나, 다행이다' 하고 생각했습니다. 그런데 구조된 사람들의 수가 점점 줄어들었습니다.

그날 밤 회사에 갔다 돌아온 엄마에게 말했습니다.

"엄마 배가 침몰했대. 근데 구조된 사람들이 점점 줄어들어."

"제주도로 수학 여행을 가는 언니, 오빠들이 탄 배가 침몰했대. 그래서 지금 구하는 중이래. 다 구조할 거니까 걱정하지 마."

엄마는 뱃머리에 공기가 남아 있으니까 사람들을 구할 수 있는 시간이 아직 이틀 더 남아 있다고 했습니다. 제발 배 안에 있는 사람들을 구해 달라고 매일 생각했습니다. 그런데 제가 그동안 믿고 살아왔던 나라는 세월호에 타 있던 사람들을 구해 주지 않았습니다. 세월호 참사가 그냥 단순한 사고가 아니구나, 있어서는 안 되는 일이었구나 하고 생각한 건 이때부터였습니다.

어릴 때부터 엄마, 아빠를 따라 집회에 많이 나갔습니다. '물대포'가 뭔지도 모른 채 우비를 쓰고 집회에 참여하기도 했습니다. 경찰들한테 둘러싸여 무서웠던 적도 있었습니다. 집회에 나가는 엄마 손을 잡고 따라나섰을 뿐 왜, 무슨 이유로 열린 집회인지, 무엇이 잘못되어서 어떻게 바로잡으려고 하는 집회인지는 알지 못했습니다.

그러다가 처음으로 내 생각과 의지를 가지고 나간 집회가 세월호 참사를 추모하고 진상 규명을 요구하는 집회였습니다. 매번 집회에 갈 때면 부모님이 "오늘 어디서 집회가 있대. 엄마, 아빠 갈 건데 너도 갈래?"라고 물어보셨습니다. 그러다가 처음으로 학교에서 세월호 집회 날짜를 알아보고 "엄마, 아빠 이번 주말에 세월호 집회가 있대. 나 집회 나갈 거야!"라고 얘기했을 때 심장이 막 두근거렸습니다. 목소리를 내서 함께 외치고 싶었고, '집회하는 마음이 이런 거구나!' 하는 걸 처음 느꼈습니다.

세월호 집회가 열리는 매주 토요일마다 집회에 나갔습니다. 집회에 참여하느라 숙제를 못 한 날도 있습니다. 그럼에도 왜 난 계속 집회에 참여하고 있을까 하는 생각을 해 보았습니다.

제일 큰 이유는 화가 나서였습니다. 그중에서도 가장 화가 났던 것은 "가만히 있으라" 하는 이야기였습니다. 세월호의 선장과 선원들은 그 "가만히 있으라"는 방송을 하고는 배에서 빠져나와 목숨을 건졌습니다. 그들이 배에서 빠져나오는 동안 배 안의 사람들은 가라앉고 있었는데도 말입니다.

약속 시간에 맞춰 도착하기가 어려울 때, 우리는 '늦을 것 같아요. 죄송합니다. 최대한 빨리 갈게요'라고 말합니다. 그것이 자신의 행동에 대해 사과하고 책임지는 방법입니다. 잘못은 할 수 있지만, 책임은 져야 합니다. 학교에서도 자신의 일에 책임감을 가지지 않으면 혼을 내기도 하고, 자기가 끝까지 책임을 질 수 있도록 합니다. 자신이 잘못한 부분들을 고백하고 사과하게 합니다. 그런데 세월호의 그들은 자신의 잘못을 충분히 책임지지 않았고, 사과조차 제대로 하지 않았습니다.

선원들뿐만이 아닙니다. 세월호 참사가 일어나고 3일이라는 짧지만 충분했던 시간 동안 국가와 대통령은 국민을 구해야 하는 책임을 저버리고 숨바꼭질하듯 숨어 버렸고, 300여 명의 목숨을 구하지 않았음에도 진심 어린 사과조차 하지 않았습니다. '어떻게 저럴 수 있지?' 하는 생각이 들었습니다. 당시 4학년이었던 저보다도 무책임하게 느껴졌습니다. 그 무책임함에 대한 분노가 세월호와 함께하게 된 가장 큰 이유였습니다.

어린 애들이 뭘 아냐고?!

내 의지로 나갔던 첫 집회는 무섭기도 하고, 긴장되기도 했습니다. 처음으로 내가 분노하는 것을 표현하고, 원하는 것을 요구하려고 간 집회였습니다. 때로는 광화문으로, 때로는 안산으로 향했습니다. 그동안 '집회'라고 하면 '사람들이 모여서 자신들이 원하는 것을 외치는 것'이라고만 생각했는데, 서로 돕고, 위로하는 것이 집회였습니다. 함께 모이는 것만으로도 서로에게 힘을 주고, 그 힘이 있으니까 더 크게 외칠 수 있었습니다.

제가 아직 초등학생일 때, 매주 금요일, 학교 친구들, 선생님들과 학교 근처 지하철역으로 서명을 받으러 나갔습니다. 같이 피켓을 들고, 춤을 추고, 노래를 불렀습니다.

그런데 한 할아버지께서 저에게 손가락질며 "어린애들이 뭘 안다고 이러고 있냐? 가서 공부나 할 것이지!" 하며 화를 내셨습니다. 옆에 계시던 선생님께는 "할 짓이 없어서 애들 앞장세워서 이러고 있냐? 그런다고 죽은 애들이 돌아온대냐?" 하며 욕을 하셨습니다. 그 말은 세월호 피켓을 들고 있는 저를 그냥 어른들이 세워 둔, 아무것도 모르는 꼭두각시로 만들었습니다. 순간 속에서 '울컥'하는 마음이 솟았습니다. '어린 애'라고, 아무것도 모를 거라고 단정 짓고 우리의 목소리를 묻어 버리는 현실에 화가 났습니다.

'세월호 참사의 진상을 규명하자는데 왜 욕을 먹어야 하지? 잘못한 사람이 누가 됐든 진실은 밝혀내고, 사과는 받아야 하는 것 아닌가?' 어린 나도 다 아는 사실을 모르고 있는 사람들이 답답하고 미웠습니다.

그 할아버지의 말을 듣고 더 화가 나고 속상했던 이유는 어쩌면 나와 다른 의견을 이야기하는, 내 의견을 무시하는 사람과 처음 부딪혔기 때문일지도 모릅니다. 제가 다녔던 학교에서는 '연대하는 것, 함께하는 것'을 배웠습니다. 공동체의 일원으로서 서로의 의견을 존중하고 함께했습니다. 그러다가 세월호 집회에 함께하며 나와 의견이 다른, 내가 가지고 있는 의견을 무시하는 사람들을 처음 만났습니다.

그런데 다시 생각해 보니 내가 이렇게 나와서 서명을 받고, 시위하고 있는 것을 보고 세월호에 대해 다시 한 번 생각하게 되는 사람이 있다면 그것만으로도 제가 활동하는 이유는 충분한 것 아닌가 싶었습니다. 아직까지도 나와 다른 의견을 가진 사람들을 만났을 때, 내 생각을 얘기하고 설득하기란 쉽지 않습니다. 그러나 이제는 내가 왜 세월호 참사를 아직까지 기억하고 행동하는지, 왜 함께해야 하는지를 당당히, 분명히 얘기할 수 있습니다.

"어린 애들이 뭘 안다고 이러고 있냐, 가서 공부나 할 것이지." 사실 앉아서 하는 공부보다도 세월호 집회에 참여하며, 학교에서 사회에 대한 공부를 하며 훨씬 더 많은 것을 배웠습니다. 하지만 할아버지가 하셨던 그 한마디가 제 자존심을 건드리지 않았다고 하지는 못하겠습니다. 그 말을 듣고 결심했습니다. 어린 애라서 아무것도 모를 거라고 생각하는 사람들이 있다면, 그 사람들을 내가 어찌할 수는 없지만, 나는 그 사람들이 생각하는 아무것도 모르는 '어린 애'가 되지 않겠다고, '어른 손에 끌려 나온 애'가 되지 않겠다고요.

함께한다는 것

'나의 진심을 담으려면 어떻게 해야 하지?' 잘 생각이 나지 않았습니다. 다른 사람들처럼 집회에 나가서 발언할 용기는 없었고, 그렇다고 가만히 있고 싶지도 않았습니다. 작은 것부터가 시작이었습니다.

제가 다녔던 학교에서는 학생들이 모여 1년 동안 공부하고 싶은 주제들을 뽑습니다. 그중에서도 세월호 참사는 매년 빠질 수 없는 주제였습니다. 신문 기사를 읽고 공부하기도 하고, 관련 영상을 보기도 합니다. 진도 팽목항으로, 집회 현장으로 직접 찾아가기도 했습니다.

다른 사람들 앞에 나서는 것을 부끄러워하던 저였지만, 공부한 내용을 가지고 동생들을 대상으로 한 강의를 준비하기도 했고, 집회에 나가 앞에서 플래시몹을 하기도 했습니다. 친구들을 모아서 노래 공연을 하기도 했습니다. 액세서리를 하는 것이 불편해 자주 까먹고 잃어버리곤 했지만, 그럴 때마다 다시 세월호 팔찌를 차고, 배지를 달았습니다. 그중 가장 기억에 남는 것이 세월호 연극을 했던 일입니다.

제가 6학년이 되던 해 가을, 학교 연극 선생님의 권유로 〈기억을 기억하라〉라는 직장인 세월호 추모 연극에 함께한 적이 있습니다. 저

세월호 참사 4주기를 앞두고 매일 3시, 마을 체육관에 모여 연극 연습을 했다.

는 배에 갇혀 나오지 못하는 언니들을 연기했습니다. 분명 내가 하고 싶어서 연극을 하겠다고 했는데, 그때 기억을 되살려 보니 공감은 하지 못한 채 그냥 대본만 읽었던 것 같습니다. 그러다가 2018년, 세월호 참사 4주기 때 다시 한 번 세월호 추모 공연을 할 기회가 생겼습니다. 세월호가 도착했어야 할 제주에서였습니다.

제가 다닌 학교에서는 중학교 3학년이 되면 선생님과, 친구들과 함께 제주로 내려가 1년간 사는 과정이 있습니다. 그때 마임이스트 선생님과 인연이 닿아, 같은 학교에 다니는 언니, 오빠, 친구들과 함께 공연을 준비했습니다. 대사가 없는, 몸으로만 표현하는 공연이었습니다. 세월호에 탄 단원고 언니, 오빠들과 사람들, 그리고 가족들의 이야기였고, 제가 맡은 역할은 여섯 살 혁규였습니다.

처음 연습을 할 때, 어떻게 해야 할지 막막했습니다. 사실은 공연하는 것을 피하고 싶기도 했습니다. 연기를 하거나 몸으로 표현하는 것이 왠지 부끄럽고 어려워 자신이 없던 저로서는 연극을 한다는 것 자체가 큰 도전이었습니다. 더구나 주제가 세월호라니. 솔직히 부담이 되었습니다. 어떤 마음으로 해야 할지, 어떻게 표현해야 할지. 선생님은 세월호 안이 어땠을지 상상해 보라고 하시는데, 상상이 잘 안 되었습니다. 매일 저녁, 글로 마음을 정리하고 나누는 시간에 저의 주제는 온통 연극과 세월호 이야기뿐이었습니다. 다른 사람들은 다 잘하는 것 같은데 저는 잘 안 돼서 속상하기도 했습니다. 어떻게 해야 할지 막막해하다가, 혁규의 마음이 어땠을지 제가 어렸을 때의 기억들을 떠올려 보기도 했습니다. 가족들이랑 놀러 가며 설레었던 기억. 가족,

친구들과 섬에 놀러 가게 되었을 때 탔던 배. 자다가 일어났는데, 부모님과 동생이 산책 간 줄도 모르고 가족들이 보이지 않아 가슴이 철렁 내려앉아 서럽게 울었던 순간들을 말이에요.

그런 마음들을 떠올리고 연극을 하게 되니 제 마음도 달라졌습니다. 그 전까지는 어떻게 표현해야 할까 생각만 하다가 막상 실제로 하려니까 부끄러웠는데, 혁규의 마음을 떠올리려고 하니까 그 마음이 어땠을지가 그냥 느껴졌습니다. 침몰하는 배 안에서 동생에게 구명조끼를 벗어 주었던 혁규. '나는 가족이 잠깐 안 보여도 서러워 울었는데, 혁규는 세월호 안에서 얼마나 무서웠을까?' 하는 생각에 심장이 떨렸습니다. '앞으로 우리는 어떻게 될까? 동생은 무사할까? 사람들이 구하러 올 거야. 나가고 싶어!' 연극 연습을 하는 동안 그런 생각들이 스쳐 지나갔습니다. 배 안에 있던 사람들도 그랬겠지요? 그렇게 무서운 와중에도 밖으로 나가려고 안간힘을 썼을 것을 생각하니까 눈물이 나기도 했습니다. 연습하는 내내, 공연하는 날까지도 계속 눈물이 났습니다.

2018년 4월 16일, 세월호 추모 행사에서 연극을 마친 후 저를 안아 주는 분도 계셨고, 고맙다는 얘기를 해 준 분도 계셨습니다. 공연을 보고 많이 울었다며 찾아온 분들도 계셨습니다. 우리는 세월호 참사의 당사자도, 유가족도 아니었지만, 세월호 참사에 함께 슬퍼하고, 분노했습니다. 서로 처음 만난 사이였지만, 공감하고 함께 느꼈습니다. 그것이 우리가 지금까지 세월호와 함께할 수 있었던 이유일 것입니다.

그동안 겪어 온 세월호의 시간들을 다시 떠올려 봅니다. 세월호 사건의 진상 규명과 희생자들을 추모하기 위해 모인 사람들은 진실을 위해 계속 외쳐 왔지만 야속하게도 아직 많은 진실들이 밝혀지지 않았습니다. 세월호 특별조사위원회 하나 꾸리기도 어려웠고, 꾸려진 첫 번째 특별조사위원회는 충분한 지원과 권리를 부여받지 못해 제대로 조사를 하지도 못한 채 끝났습니다. 조사가 이뤄지는 동안 정부는 제대로 된 협력을 해 주지 않았습니다.

3년이나 걸려 겨우 인양된 세월호는 조사가 어려울 정도로 녹이 슬어 있었습니다. 세월호는 왜 그렇게 녹이 슨 이후에야 인양이 허가되었던 걸까요? 왜 세월호의 진실은 마치 허용된 한계치가 있는 것 같이, 딱 어느 정도만 밝혀진 걸까요? 자꾸만 진실을 빼앗기는 듯한 기분이 들었습니다.

많은 일들을 잊고 살아가지만 절대 잊혀서는 안 되는 일이 있습니다. 세월호가 그렇습니다. 초등학교 4학년 때부터 고등학교 2학년이 된 지금까지 세월호는 계속되고 있습니다. 아직 끝나지 않았습니다. 아직도 우리는 세월호의 진상 규명을 바라고 있고, 저는 노란 리본을, 세월호 배지를 달고 있습니다. 그리고 또 가끔 플래시몹을 하며 춤을 추기도 합니다. 아직 세월호를 기억하고 함께하는 사람들이 많습니다. 기억하고 함께한다는 건 어쩌면 그렇게 어려운 게 아닐지도 모릅니다. 우리는 우리 삶의 순간에서 아무리 중요한 기억이라도 늘 생각하며 살지는 못합니다. 가족 관계 안에서 누군가 잘못한 것을 계속 의심하고 살지는 않는 것처럼요. 그러나 우리는 언젠가 "그때 이거 누구였지" 하며 기억을 되살리곤 합니다. "사실 그거 나였어" 하며 고백하기

2018년 4월, 제주시청 앞 광장에서 세월호를 기억하는 〈네 번째 봄〉 추모 행사가 열렸다.

도 하지요. 살다 보면 그 기억이 무뎌질 때도 있고, 잠시 흐릿해질 수도 있습니다. 그러나 우리는 다시 기억합니다. 기억한다는 건 '내 삶에서 함께하다가 언젠가 다시 봤을 때 의미를 되새기고 잊지 않는 것', '관심사를 찾아 내가 함께할 수 있는 것들을 함께하는 것', '그러다 보면 그 함께하는 것이 다시 내 삶이 되는 것'이 아닐까요?

그냥, 내 목소리로

누군가는 이제 그만하라고, 그 정도면 되지 않았냐고 말할지도 모릅니다. 또 누군가는 밝혀지지 않는 진실에, 변하지 않는 현실에 조금은 지쳤을지도 모릅니다. 그리고 또 누군가는 세월호를 기억하지 못해 죄송하다고 말할지도 모릅니다.

세월호 참사가 일어나고, 집회에 모인 사람들은 "지켜 주지 못해 미안해"라고, "다시는 이런 일이 또 일어나지 않도록 하겠다"고 말했습니다. 집회에서 나누어 주던 노란 풍선에는 "안전한 나라에서 살고 싶어요"라고 적혀 있었습니다. 우리는 아직 그날의 세월호를, 함께 외친 약속을 잊지 않았습니다. 참사 당시 초등학교 4학년이었던 저는 "지켜 주지 못해 미안하다"는 말에, "다시는 이런 일이 일어나지 않도록 하겠다"고 하는 사람들의 외침에 무슨 말을, 무슨 약속을 할 수 있을지 몰라 그냥 그 말을 따라 외쳤습니다. 그러나 지금 열여덟 살이 된 청소년으로서 저는 약속할 수 있습니다. '세월호의 진실이 밝혀지는 그날까지 함께하겠다. 세월호를 잊지 않고, 내가, 우리가 살아갈 건강한 나라를 만들겠다'라고요.

"어둠은 빛을 이길 수 없다. 거짓은 참을 이길 수 없다. 진실은 침몰하지 않는다. 우리는 포기하지 않는다."

〈진실은 침몰하지 않는다〉라는 짧은 노래의 노랫말입니다. 언젠가 진실은 밝혀질 것이고 밝혀내야 합니다.

세월호 참사가 일어난 당시, 우리는 어린 아이들이었지만, 이제 그중 누군가는 참정권을 가진 유권자가 되었습니다. "어린 애가 뭘 안다고"라는 여기를 듣고 속상해하던 작은 사람이었지만, 이제 몸도 마음도 커서 내 생각을 당당히 얘기할 수 있는 큰 사람이 되었습니다.

어쩌면 아직도 누군가는 청소년인 우리가 어리다고 생각할 수도 있습니다. 그러나 우리는 충분히 사회에 영향을 끼칠 수 있을 만큼 컸고, 우리가 살아갈 세상을 만들어 나가야 할 의무가 있습니다.

'나는 왜 글을 쓰겠다고 했는가.'

다시 처음으로 돌아가서 생각해 보면, 그냥 제 이야기를 들려주고 싶었던 것 같습니다. 대단한 사람은 아니더라도, 우리는 항상 함께하고 있다는 것을요. 집회에 나가면, 저는 항상 이끄는 사람들을 동경해 왔던 것 같습니다. '내가, 우리가 원하는 사회를 만들기 위해서는 저렇게 되어야 할 것 같아' 하고 말이에요. 그런데 살아 보니까 꼭 그렇지만은 않은 것 같습니다.

설레며 나갔던 첫 집회, '어른'들에게 혼나고 자존심이 상해 혼자 했던 다짐, 그리고 처음엔 두렵기만 했던 연극……, 우리의 권리를 외

진도 팽목항, 세월호를 기억하는 현수막들

치는 세월호 집회에 참여하면서 저는 제 권리를 찾은 것 같습니다. 내가 원하는 것을, 나의 이유와 이야기를 당당하게 말할 수 있는 권리를 말입니다. 집회에서 마이크를 들고 하는 발언이 아니어도 저는 저의 목소리와 속도로 발언하며, 제 삶에서 제 권리를 행사하며 함께하겠습니다.

/

"날 좀 보소~
날 좀 보소~"
내 마음속의 밀양

/

밀양 송전탑 반대 투쟁에 연대하며 배운 것들

이미르 1220mir@naver.com

성미산학교 졸업. 밀양과는 8년째 연대 중. 내가 하는 음악
으로 세상을 바꿔 나가고 싶은 청년 예술 운동가.

밀양에 가다

나는 중학생 때 처음으로 밀양에 가게 되었다. 잘 알지도 못하고 크게 관심도 없었지만 학교 언니들을 따라간 곳이 밀양이었다. 그곳에 송전탑이 지어질 거라고 했다. 새로 짓게 될 핵발전소에서 도시로 전기를 끌어올 엄청나게 큰 송전탑이라고 했다. 지금까지 지어진 송전탑과는 비교도 안 될 만큼 큰 송전탑이 집 옆에, 밭 한가운데에, 감나무가 우거진 숲에 세워진다고 했다. 2005년부터 시작된 그 싸움이 수년 동안 계속되고 있었다. 그곳에 모인 사람들이 싸우는 이유는 하나였다. '내 삶과 터전을 지키고 싶어서, 사람답게 살고 싶어서.'

처음 가 본 밀양은 어수선했다. 희망버스를 타고 전국 각지에서 많은 연대자들이 모여들었다. 그들을 막기 위해 수많은 경찰들도 와 있었다. 사람들은 산에 올라가려 애썼고 경찰들은 그들을 막으려고 했다. 이곳저곳에서 언성이 높아졌고 몸싸움이 일어나기도 했다. 그러다 마지막 날 모든 사람들이 보라마을에 모였다. 보라마을은 밀양 송전탑 싸움에서 가장 비극적 사건이 벌어진 장소였다. 자신의 논 한가운데에 송전탑이 건설될 예정이었던 고(故) 이치우 어르신이 스스로 몸에 불을 질러 돌아가신 곳이기 때문이다. 어르신이 돌아가신 장소에 모인 사람들은 온 힘을 다해 노래하고, 슬퍼하고, 웃고, 떠들며 고

인이 느꼈을 분노와 원통함을 풀어 드리려 했다. 앞으로는 그런 비극적인 사건이 더 이상 생기지 않기를 바라며 한바탕 신명 나게 놀았다.

그곳에서 나는 이방인처럼 서 있었다. 당시 나는 밀양 싸움을 잘 알고 있지도, 심각하게 고민하지도 않았기 때문이다. 밀양을 지키기 위한 그 어떤 행동도 하지 않았기 때문이다. 그런데 집으로 돌아가기 위해 버스에 올라타려는데 어떤 할머니가 나를 안아 주시며 "고맙다"고 말씀하셨다. "와 줘서 고맙다. 정말 큰 힘이 됐다." 그때 마음이 찡하고 울려 왔다. 할머니에게 너무 죄송하고 부끄러웠다. "할머니 저는 아무것도 한 게 없어요. 정말 죄송합니다." 나는 울음을 터트리고 말았다. 그저 할머니의 손을 붙잡고 하염없이 울며 죄송하다는 말만 반복했다. 할머니는 이렇게 와 주는 것만으로도 고마운 거라고 하시며 우는 나를 달래 주셨다. 그때 들었던 죄책감은 밀양에 계속 가야겠다고 마음을 먹게 된 계기가 됐다. 아무것도 모르고, 아무 생각도 없고, 아무 행동도 하지 않은 나는 고맙다는 말을 들을 자격이 없었다. 그럼에도 고맙다고 해 주시는 할머니에게 더 이상 죄송하고 싶지 않았다. 그렇게 나의 밀양과의 연대가 시작되었다.

내가 우리일 수 있었던 이유

밀양을 보면서 나는 2010년 우리 마을에서 벌어진 성미산 지키기 싸움(성미산 싸움)을 떠올렸다. 서울 마포구에 있는 성미산은 작은 동산이다. 성미산은 마을 사람들 모두가 좋아하는 소중한 공간이었다. 아이들의 놀이터이자 어른들의 쉼터였으며 언제나 우리에게 품을 내어주는 숲이었다. 그러던 어느 날 한 사학 재단에서 산허리를 깎고 학교를 짓겠다고 했다. 다른 공간이 있음에도 불구하고 산을 깎겠다는 계획에 마을 사람들이 반대 투쟁에 나섰다. 산에 농성장을 차리고, 나무를 끌어안고, 함께 노래를 불렀다. 어린이였던 나와 내 친구들도 함께 반대 투쟁에 나섰다. 우리가 할 수 있는 일은 최대한 하려고 했다. 그렇다고 큰 문제의식이 있었던 것은 아니다. 그냥 부모님이 반대하니까, 마을 어른들이 반대하니까, 우리가 놀던 곳이 없어지면 아쉬우니까 하는 정도였던 것 같다.

우리 아빠는 성미산 싸움에 필사적이었다. 다니던 회사도 그만두고 성미산을 지켰다. 성미산이 깎이고 난 후에는 매일같이 술을 마시고 들어와 울분을 토하며 눈물을 흘리셨다. 아버지는 학교가 들어선 후 지금까지 그쪽으로는 절대로 가지 않으신다. 나는 그런 아빠를 이해할 수 없었다. '이게 그렇게 슬픈 일인 걸까, 이렇게 힘들어할 거면 차라리 싸움을 안 하는 게 낫지 않았을까' 싶었다.

아빠와 달리 나는 좀 무덤덤했다. 사라진 그곳은 잣나무가 울창해 여름에도 시원해서 친구들과 함께 놀았던 추억이 많은 곳이었다. 어린이집에 다닐 때도 나들이를 가면 항상 그곳으로 갔었다. 친구들과 함께 뛰놀며 자랐던 나에게도 소중한 장소였지만 시간이 흐르자 그곳에 대한 기억이 서서히 사라졌고, 한동안은 아예 잊고 살았던 것 같다.

밀양은 그렇게 잊고 지냈던 성미산 싸움을 다시금 떠올리게 해 주었다. 되돌아보며 당시에는 이해할 수 없었던 성미산의 가치와 싸움의 의미를 이해할 수 있었다. 사라진 그곳이 나와 친구들에게 어떤 의미였는지, 어른들에게는 어떤 의미였는지, 마을에는 어떤 의미였는지 생각해 볼 수 있었다.

"생명에는 주인이 없어요."

오빠는 성미산과 나무를 지키기 위해 온 힘을 쏟았다. 생명을 해치려는 사람들로부터 스스로를 지킬 수 없는 숲의 생명들을 지키기 위해서라는 분명한 이유가 있었다. 나무도, 꽃도, 벌레도, 동물도, 마을도, 사람도 모두 다 생명인데 사람들은 그것을 너무 쉽게 망가트리려고 한다. 왜 우리는 만물이 동등하다는 것을 깨닫지 못하는 것일까.

나와 친구들에게 성미산 싸움의 경험은 밀양 연대에 다양한 방향으로 영향을 주었다. 어떤 친구는 성미산 싸움의 기억을 떠올리게 되는 게 힘들어서 밀양에 가고 싶지 않다고 했다. 그 싸움 현장이 무섭고 힘들었기 때문에 다시 경험하기가 두렵다는 얘기였다. 반면 성미산 싸움의 경험 덕분에 밀양 할머니들과 공감대를 더 만들 수 있었다는 친구도 있었다. 이 싸움에 공감할 수 있어 밀양에 가는 일이 더욱 보람차다고 했다. 각기 다른 생각들이지만 우리는 밀양 싸움에 성미산 싸움을 투사하며 마음을 모으고 있었다. 성미산의 1/3은 이미 사라졌지만 밀양만큼은 꼭 지켜야겠다고 다짐을 하듯. 그렇게 우리는 밀양과 하나가 되어 가고 있었다.

깊으면 깊을수록, 소중하면 소중할수록 고민하게 되더라

내가 다녔던 성미산학교는 2012년부터 매해 가을 여행을 밀양으로 갔다. 10일 정도 머물며 할머니들 일손도 돕고 송전탑 반대 투쟁에도 함께했다. 그런데 아쉽게도 9년이란 시간은 많은 것을 바꿔 놓았다. 지금까지 한결같은 모습으로 머무르고 있는 건 과거의 기억뿐이다.

2012년 우리가 처음 밀양에 갔을 때는 투쟁의 분위기가 뜨거웠다. 이치우 어르신의 분신으로 밀양 싸움이 전국에 알려져 많은 연대자들이 함께했고 그만큼 경찰과 직접적 대치가 많이 일어났다. 그러다 2014년 6월 행정대집행이라는 큰 폭력으로 송전탑이 세워졌다.

그해부터 송전탑이 없는 밀양의 모습을 보지 못한 학생들이 생겨나기 시작했다. 그 친구들은 밀양에 송전탑이 있는 모습이 어색하지 않다고 했다. 나는 동생들의 눈에는 송전탑이 어색해 보이지 않는다는 사실에 새삼 충격을 받았다. 사실 우리는 송전탑을 굉장히 많이 보면서 지낸다. 차를 타고 교외를 달리다 보면 곳곳에 보이는 것이 송전탑이다. 우리가 크게 인지하지 않고 있어서 못 느끼는 것일 뿐이다.

송전탑이 세워지고 밀양의 분위기도 많이 달라졌다. 한전의 송전탑 건설에 합의하고 보상금을 받은 '합의 주민'들이 늘어나자, 마을 안에서 주민들 간 갈등이 발생하기 시작했다. '찬성 주민'이 아닌 '합의 주민'이라고 하는 이유는 송전탑 건설을 찬성하지 않지만 어쩔 수 없이 합의한 주민들도 있기 때문이다. 실제로 합의를 한 주민들 중에서도 송전탑 건설을 반대하는 분들이 꽤 있다. 그런 분들은 긴 싸움에 지쳐서 합의를 하신 경우가 대부분이었다.

합의 주민과 비합의 주민은 서로가 모이는 자리를 피했고, 말을 안 섞는 경우도 많았다. 그렇게 콩 한 쪽도 나눠 먹으며 서로 의지하며 살아가던 인심 좋고 정이 넘치던 마을공동체가 하나둘 파괴되었다.

우리는 주로 마을 회관을 이용해 숙식을 해결했는데, 합의 주민들이 늘어나면서 그런 우리를 불편해하는 목소리도 점점 높아졌다. 급기야 지난해부터는 가을 여행을 더 이상 밀양으로 가지 않게 되었다. 그만큼 우리를 불편해하시는 분들이 늘어났기 때문이다.

그렇게 마을의 분위기는 매해 달라졌지만, 나는 밀양에 가는 것이 좋았다. 서울에서는 늘 긴장과 불안 속에서 무작정 달리고 있는 것 같은 기분이다. 그러다 보면 숨이 막히고 지칠 때가 종종 생긴다. 밀양은 그런 마음을 편안하게 달래 주는 것 같았다. 푸른 산들도, 탁 트인 하늘도, 그 사이사이를 조화롭게 메우고 있는 감나무와 감도 싱그럽고 아름답다. 무엇보다 그곳에는 언제나 우리를 반겨 주시는 어르신들이 계셨다. 우리를 예뻐해 주고, 따뜻하게 안아 주는 어르신들의 품은 답답했던 마음을 포근히 풀어 주는 것 같았다.

친구들과 소소하고 즐거운 추억을 만들 수 있는 것도 좋았다. 때론 속상한 일과 고민이 생기기도 하지만 말이다. 조금은 낯설고 불편한 시설에서 씻고 잠자는 게 힘들고, 밥을 직접 해 먹어야 하는 어려움도 있다. 그래도 서로서로 돕고 투닥거리는 재미도 있다. 어르신들의 농사일을 돕기 위해 함께 일하다 보면 친구들과 많은 얘기를 나누게 된다. 사소한 수다로 시작해, 여러 가지 관계에 대한 고민들, 연애 얘기, 미래에 대한 걱정 등 마음속에 두고 꺼내지 못했던 얘기들을 풀어놓게 된다. 고민과 속마음을 서로 나누게 되는 것도 여행의 묘미이지 않을까 싶다.

어르신들에게 칭찬을 받으려고 노력하는 것도 큰 즐거움이었다. 밀양은 반시가 유명해 감 농사를 많이 짓는다. 우리가 가서 도와드리는 일도 대부분 감을 따고 포장하는 작업이었다. 아직 여물지 않은 손이지만 어르신들은 항상 잘한다고 말씀해 주셨다. 어르신들의 칭찬은 우리를 춤추게 했다. 나는 유독 칭찬을 받고 싶은 욕심이 큰 사람이다. 그래서 나무 타기와 장대 쓰기, 꼭지 따기, 감 포장하기 등 모든 일을 마스터하려고 노력했다. 그 결과 나는 할머니들에게 가장 예쁨을 받는 일등 일꾼이었다고 자부한다. 가장 뿌듯했을 때는 마을에 내 소문이 자자하다는 얘기를 들었을 때다. 한번은 이웃에 사시는 할머니가 놀러 오셨다가 "미르가 일 잘한다는 소문이 자자하다"며 "내일은 (내가) 꼭 데려가야겠다"고 말씀하셨다. 소중한 분들에게 능력을 인정받고 칭찬받는다는 게 얼마나 기쁘던지. 할머니들이 내 이름을 기억해 주시고, 칭찬해 주시는 것 그런 것들 하나하나가 나를 아끼는 마음이라는 걸 알 수 있어 행복했다.

그리고 그만큼 어르신들과의 관계에 대해서도 고민하게 됐다. 밀양을 떠날 때마다 우리는 으레 "다음에 또 오겠습니다"라고 말씀드리곤 했다. 사정이 생겨서 못 가게 되는 경우도 있었지만 우리는 항상 그렇게 말씀드렸다. '다음에 밥 한 끼 하자'는 형식적인 인사처럼 어르신들에게 말씀드린 건 아닌지 고민이 되었다.

밀양은 반시가 유명한데, 우리가 거든 농사일도 대부분 감을 따고 선별해서 포장하는 작업이었다.

2016년 여름, 행정대집행 2주기를 어르신들과 함께 보내기 위해 밀양에 갔다. 신나게 놀다 밤이 되어 집으로 돌아가야 할 시간이 되었다. 나는 할머니들에게 인사를 드리려고 돌아다니는 중이었다. 서로 꼭 껴안으며 인사를 나누는데 자고 가라고 하셨다. 나는 아쉬운 마음을 누르고 오늘은 올라가 봐야 한다고 말씀드렸다. 그러자 할머니는 "가을에 보자"고 하셨다. 마음이 찡해 왔다. 가을에는 해외 이동 학습이 예정되어 있어 밀양에 갈 수 없는 상황이었다. 울컥하는 마음을 억누르며 "올가을에 못 와요"라고 말씀드렸다. 할머니는 잘 못 들으신 건지 "가을에 보면 도니까 너무 속상해하지 말아"라고 하셨다. 결국 나는 울며불며 "올가을에 봬요"라고 대답하고 돌아왔다. 할머니는 그해 가을 나를 기다리셨을까? 이듬해 밀양을 찾았을 때 할머니가 합의하셨다는 소식을 접했다. 참담했다. 내가 알지 못하는 할머니의 1년이 어땠을지 나는 상상하지 못한다. '어떤 마음이셨을까? 많이 힘드시진 않았을까……. 지난가을 내가 찾아뵈었더라면 조금이나마 힘이 되어 드릴 수 있지 않았을까.' 머릿속에 온갖 상념들이 떠올랐다. "올가을에 봬요"라는 내 말은 할머니께 힘이 되었을까, 독이 되었을까. 아직도 고민이 된다. 그해 가을에도 우리는 '또 오겠다'는 약속을 밀양에 남긴 채 돌아왔다.

성미산학교는 비합의 주민들의 농사만 도와드렸다. 합의 주민들이 많아지면서 우리가 도와드릴 분들도 점점 줄어 갔다. 여러 번 일손을 거들며 관계를 맺었던 할머니께서 합의를 하시는 바람에 못 도와드리는 경우가 생겼다. 생각지도 못한 할머니의 합의 소식도 충격이었지만, 더는 일손이 되어 드리지 못한다는 사실을 받아들이기도 힘들었다. 우리는 '설마, 할머니가?' 하는 부정의 단계를 거치고 난 후 '할머니가 우리를 불편해하지 않을까?', '우리는 할머니를 어떻게 대해야 하지?' 등 여러 고민을 하게 됐다. 실제로 우리를 볼 면목이 없다거나 우리가 오는 게 불편하다는 할머니들이 계셨다. 그럴 때마다 나와 친구들은 상처받고 속상하고 난감했다. 어떻게든 예전 그대로 불편하지 않게 지내려고 노력했지만 그런 반응을 경험할 때마다 참 힘들었다. 우리는 합의한 할머니들에게도 힘을 드리고 싶고 도움이 되고 싶다는 마음이었는데, 그 마음이 할머니들을 더 불편하게 만든 것일까 싶었다. 전에는 막 찾아가서 인사도 드리고 수다도 떨었던 할머니의 집 앞에서 나는 망설이며 서 있었다.

성미산학교 재학 시절 마지막으로 밀양에 갔던 2018년에는 포럼을 열었다. 포럼의 주제는 '우리가 밀양과 연대를 하며 배운 것들'이었다. 나는 관계 맺고 함께 시간을 보낸 어르신들을 모두 초대하고 싶었다. 합의/비합의 상관없이 말이다. 나에게 소중한 분들이었고, 연대의 따스함 등 많은 것을 느끼게 해 주셨기 때문이다. 나는 결국 그분들을 초대하지 못했다. 우리라는 존재가 그분들을 더 불편하게 할까 봐, 상처받은 마음을 더 아프게 할까 봐 무서웠다.

우리가 없어지면 갈등이 가득한 마을만 덩그러니 남게 되는 게 아닌가 싶어 두렵기도 했다. 해소하진 못하더라도 갈등의 골을 완만하게 만들 수 있지는 않을까 고민해 보기도 했다. '합의한 분들의 일손을 도우며 대화를 나눠 보면 좋지 않을까, 큰 잔치를 열어 다 같이 놀 수 있는 자리를 만들어 볼까' 하는 고민도 해 봤다. 할머니들에게 조심스럽게 여쭤 보면, 풀고 싶지만 어려운 일이라고 말씀하셨다. 밀양에 오래 사셨고, 우리보다 주민들과 깊은 관계를 맺어 온 분들도 어려운 일이라고 하셨다. 그래 봤자 1년에 10일 오는 주제에 눈치 없이 나대는 건가 싶었다. 하지만 우리를 예뻐해 주시는 할머니들을 만나면 우리가 뭐라도 된 듯 그렇게 김칫국을 마셨다.

모두가 행복하게 살기 위해 필요한 행동 '공감과 연대'

밀양에서는 많은 것을 배웠지만 그중 가장 중요한 것은 '공감과 연대'였다. 밀양과 연대를 하면서 성미산 싸움에 대한 기억을 꺼내게 되었고, 공감은 이런 경험 속에서 시작되는 것일지도 모른다고 생각했다. 내가 비슷한 경험을 했기 때문에 상대가 어떤 마음인지 짐작할 수 있었고, 그 마음과 함께해 줄 수 있었다. 학교에서는 밀양뿐만 아니라 강정, 세월호, 영덕 등 다양한 현장들과도 연대했다. 그들을 만날 때마다 나는 성미산과 밀양을 떠올렸다. 불의한 제도와 폭력에 맞서 투쟁하는 현장은 모두 닮아 있다. 정의로운 사람들은 약자일지언정 항상 무언가를 지키기 위해 싸우고 있었다.

그렇다고 모든 현장에 공감할 수 있었던 건 아니다. 어떤 문제는 쉽게 공감할 수 있었지만, 또 어떤 문제에는 그렇지 않았다. 전에는 깊이 공감했던 문제였는데 지금은 전혀 공감할 수 없는 등 마음이 여러 방향으로 움직이기도 했다. 머리로는 문제 상황이라고 생각하지만 가슴이 뜨거워지지 않는 경우도 있었다.

한번은 무엇을 위해 밀양에 가는 건지 잘 모르겠다고 토로한 친구가 있었다. 그는 송전탑이 멋진 건축물처럼 보인다고 얘기하기도 했다. 학교는 그 친구의 생각을 솔직하게 표현할 수 없는 분위기였다. 당연히 함께 분노해야 하고, 슬퍼해야 할 것 같은 기류가 강하게 형성되어 있었기 때문이다. 오히려 그 친구처럼 서로 다른 생각과 감정이 자연스럽게 표출될 수 있는 분위기를 만들었어야 했다. 그랬다면 우리가 밀양을 바라보고 이해할 수 있는 폭이 더 넓고 깊어졌을 텐데, 그 부분이 참 아쉽다.

나 역시 세월호에 더 이상 눈물이 나지 않았던 적이 있었다. 내가 점점 잊어 가고, 무뎌지고 있는 것은 아닌가 싶어 마음이 굉장히 불편했다. 그러다 한번 왈칵 눈물을 쏟고서야 안도의 한숨을 내쉬었다. '휴~, 다행이다.' 이런 내 솔직한 마음에 공감하는 친구들이 꽤 많았다. '다른 사람들은 어떻게 그렇게 공감을 잘하는지 대단하다'는 말이 하루 수업을 마무리하며 이야기를 나누는 시간에 종종 나오기도 했다. 졸업 후 문득 밀양과의 연대가 끊어졌다는 느낌이 들어 마음이 몹시 무거웠다. 괜히 죄송스럽고 찔려서 다시 밀양에 찾아가야지 하고 다짐했던 기억이 난다.

공감이란 무엇일까? 연대란 무엇일까? 고민하다 보면 정해진 답은 없다는 것을 알 수 있다. 밀양 연대 활동을 열심히 했던 학교 언니가 '밀양에 가지 않았던 시간들이 자기를 힘들게 했다'고 얘기한 적이 있다. 하지만 언니는 꾸준하게 친환경 에너지와 관련된 활동을 하고 있고, 자기소개를 할 때면 밀양 얘기를 빼놓지 않는다고 했다.

꼭 함께 아파하고, 함께 분노해야지만 공감인가? 그 장소에 가거나, 싸움의 당사자들과 함께하는 것만이 연대인가? 그렇지 않은 것 같다. 각자의 방식으로 그 문제를 어떻게 받아들일 것인지 고민하고, 그 끝에 다다른 결론을 실천한다면 그것이 공감이고 연대일 수 있다. 그걸 토대로 우리가 어떤 삶을 살아갈 것인지 고민하고 그 길을 만들어 가면 된다. 나와 내 친구들은 지금 그 과정을 밟고 있다.

투쟁이란 약자들이 강자에게 맞서는 것이기 때문에 매우 힘겹고, 버겁고, 막막할 수 있다. 그렇기에 우리가 계속해서 투쟁을 이어 나갈 수 있는 힘은 연대라고 생각한다. 그래서 그 힘은 투쟁을 시작하기 전이 아닌 투쟁을 시작한 후에 생긴다. 투쟁을 하는 동안 지켜야 할 목적과 이유가 더 많이 생기고, 더 간절해지기 때문이다. 우리는 송전탑 때문에 밀양의 할머니, 할아버지들을 만날 수 있었다. 하지만 지금은 할머니, 할아버지들과의 깊고 끈끈한 관계 때문에 송전탑 문제를 놓을 수 없게 되었다. 송전탑이 세워지고 학교를 졸업한 후에도 내가 밀양으로 향하는 것은 그 때문이다. 합의를 한 어르신들의 일손을 돕고 싶은 마음도 그래서다. 이런 마음이야말로 밀양과의 연대를 지속할 수 있는, 포기하지 않고 투쟁을 해 나갈 수 있게 만드는 힘이 아닐까.

밀양의 할머니, 할아버지들 역시 전국을 돌며 핵발전소와 송전탑 때문에 고통받는 사람들을 만나며 아픔을 나누는 연대 활동을 하셨다. 그 경험을 책으로 엮은 게 바로 《탈핵 탈송전탑 원정대》이다. 또한 세월호 유가족과 쌍용자동차 해고 노동자들을 만나 슬픔을 나누

밀양에서 문화제가 열리면 우리는 춤을 추고 노래를 불렀다. 송전탑이 세워졌지만, 우리의 투쟁은 '밀양 시즌2'에 접어들었을 뿐 결코 끝나지 않았다.

기도 했다. 어르신들은 그 경험들을 통해 중요한 깨달음을 얻게 됐고 그래서 소중한 추억으로 간직하고 있다고 말씀하셨다. '아픈 사람들이 함께 모여 고통을 나누고, 서로를 보듬으면 그 힘으로 다시 일어설 수 있다'고 말이다.

2020년은 코로나19로 인해 행정대집행 6주기 행사를 온라인으로 진행했다. 휴대전화도 어려워하시는 할머니들이 온라인으로 행사를 준비했다니! 나도 친구들과 함께 온라인으로 행사에 참여했는데 처음부터 끝까지 웃음이 떠나지 않았다. 다소 산만하고 혼란스러웠지만 화면 너머의 서로를 확인하며 왁자지껄하고 유쾌하게 6주기 행사를 마쳤다.

요즘 밀양은 이렇다더라 하며 전해 줄 소식은 딱히 없다. 내가 할 수 있는 이야기는 밀양에는 여전히 송전탑이 세워져 있다는 것. 그 아래에는 여전히 사람들이 살아가고 있다는 것. 그리고 이제는 할머니, 할아버지들의 삶 자체가 투쟁이 되어 버렸다는 것뿐이다.

'지구적으로 생각하고, 지역적으로 행동하라'라는 말이 있다. 나는 이 말을 '지역의 모습은 곧 세계의 모습이 될 것'이라는 뜻으로 해석한다. 세상을 바꾸려면 여러 지역에서 일어나고 있는 억압과 폭력을 먼저 해결해야 한다. 지역에 일어나고 있는 폭력을 없애려면 그들이 어떤 싸움을 하고 있고 어떻게 살아가고 있는지 알아야 한다. 그리고 함께 연대하며 힘을 모아 바꿔 나가야 한다. 그러다 보면 세상도 자연스레 바뀌지 않을까. 우리가 밀양과 연대하며 성찰하고, 고민하고, 노력한 일들이 앞으로 우리가 살아갈 세상을 바꿔 나가는 데 소중한 밑거름이 될 것이라고 나는 믿고, 소망한다.

/

유기 동물이
보여 준 세상

/

동물을 대하는 태도는, 그 사회가 약자를 대하는 방식이다

김은결 uoong9745@naver.com
초등학교 때 길고양이에게 마음을 빼앗겨 캣맘이자 거리의
집사가 되었다. 현재는 서울 가락고에서 동물사랑 동아리
를 만들어 활동하고 있다. 자의적인 관심사는 동물, 타의적
인 관심사는 공부다. 가진 것이라곤 수의사라는 꿈밖에 없
어서 더 간절하다. 그래서 문·이과 통합 세대라지만 시간표
가 수학과 과학으로 범벅인 실질적 이과생이다.

동물을 좋아하는 사람들은 정말 많다. 나도 그 수많은 사람들 중 한 명이다. 어릴 적 《제인 구달 이야기》라는 책을 읽고 깊은 감명을 받았다. 아프리카의 오지에서 침팬지들과 함께 살며 영장류 연구에 일생을 바친 동물행동학자 제인 구달 박사의 삶에 매료되었다. 당시 나는 포유류는 물론이고 뱀 같은 파충류까지 모든 동물에 매력을 느끼고 좋아했기 때문에 더 그랬던 것 같다. 그때부터 막연히 동물과 함께할 때 진정으로 행복할 수 있을 것 같다는 생각을 했고 동물과 관련된 직업을 가져야지 하고 마음먹었다.

그리고 그 후, 길고양이들과의 만남으로 인해 막연했던 생각이 점점 현실이 되어 가고 있다.

푸딩과 깽깽을 만나다

나는 길고양이에 큰 관심이 없었다. 귀여운 외모에 이끌려 다가가 만지고 싶었지만 그럴 수 없었다. 주변 사람들로부터 길고양이는 지저분해서 병균이 옮을 수 있으니 조심하라는 말을 듣고 자랐기 때문이다. 내가 길고양이에 관심을 보일 때면 부모님도 늘 같은 이유로 말리셨다.

그러던 어느 날, 동물 관련 방과 후 수업을 같이 듣던 언니들에게
버려진 고양이 이야기를 듣게 됐다. 우리는 함께 그 고양이를 찾아 나
섰다. 고양이는 한 빌라의 지하 창고에 숨어 살고 있었다. 누르스름한
털빛을 가진 녀석에게 우리는 '푸딩'이라는 이름을 지어 주었다. 나는
푸딩이가 목마르지는 않을까, 배고프지는 않을까, 춥지는 않을까 싶
어서 틈만 나면 보러 가서 이것저것 챙겨 주었다. 집에서 깨끗한 물을
떠다 주고 마트에서 천 원에 파는 동물 사료 같은 것을 사서 그릇에
담아 주었다. 그럴 때마다 푸딩이는 얼마나 배를 곯았는지 허겁지겁
먹곤 했다. 이내 겨울이 되었고 녀석이 추울까 봐 안 쓰는 담요를 가
져다 깔아 주기도 했다. 푸딩이는 사람을 두려워하는 여느 길고양이
들과 달리 우리를 잘 따랐다. 고양이 하면 떠오르는 도도하거나 차가
운 성격이라고는 찾아볼 수 없는 순둥이였다. 버려졌는지 집을 잃어버
렸는지는 알 수 없지만 길에서 나고 자란 고양이가 아닌 건 분명했다.
녀석은 혼자서 그 겨울을 날 수 없을 것 같았다. 우리는 푸딩이에게
새로운 가족을 찾아 주기로 했다.

첫 번째 후보는 가족들이 고양이를 들일 생각을 하고 있다는 한
언니네 집이었다. 우리는 푸딩이를 안고 그 언니네 집에 데려다주
었다. 그런데 그 언니의 부모님께서는 갑자기 들인 손님을 보고 무척
당황해하셨다고 한다. 결국 푸딩이는 다시 길고양이가 되었다. 무턱대
고 데려가 떠넘기듯 두고 온 우리의 생각이 짧았고 무책임한 행동이
었다. 다행스럽게 푸딩이는 금방 새 가족을 찾았다. 키우던 고양이를
병으로 떠나보낸 친한 언니네 가족이 녀석을 입양해 주었다. 이렇게

푸딩이는 좋은 가족을 만나 길 생활을 청산하게 되었다.

그런데 그때부터 내가 길 생활을 시작하게 됐다. 푸딩이를 돌보는 동안 다른 길고양이들도 굶주리고 있다는 사실을 알게 되어 몹시 안쓰러웠다. 녀석들이 건강하게 살아갈 수 있도록 챙겨 주고 싶었다. 그렇게 나는 '캣맘'이 되었다.

누가 내 인생의 가장 큰 사건을 묻는다면, '깽깽이와의 만남'이라고 답할 것이다. 열세 살 내 인생을 뒤흔든 작은 고양이 한 마리가 있었다. 녀석을 생각할 때면 가슴 한편이 시큰하다. 어느 날 갑자기 내 앞에 새끼 고양이가 나타났다. 사람에 대한 경계심이라곤 전혀 찾아볼 수 없는 녀석은 버려진 게 분명했다. 나는 새끼 고양이를 일컫는 말인 '아깽이'의 '깽'자를 따와서 녀석에게 '깽깽'이라는 이름을 지어 주었다. 깽깽이는 무척 활발했는데 가끔 재채기를 하곤 했다. 아무래도 병에 걸린 것 같아서 동물 병원에 데려갔다. 수의사 선생님께서는 감기에 걸린 것 같다고 하셨다. 그런데 정확한 검사와 치료를 하려면 몇 차례 더 데려와야 하는데 병원비를 부담할 수 있겠냐고 말씀하셨다. 초등학생이 아픈 길고양이 새끼를 보고 무턱대고 동물 병원에 데려온 걸로 짐작하신 모양이다. 당시 내게는 녀석을 치료하기 위해 마련한 거금 3만 원이 있었지만, 검사비와 치료비 총액에는 턱없이 부족했다. 결국 약도 처방받지 못하고 수의사 선생님께서 챙겨 주신 사료와 깽깽이를 안고 병원을 나섰다. 녀석을 집으로 데려갈 수도 없고, 무엇보다 치료할 병원비를 감당할 수 없어 가벼운 감기 증상이길 바라는 수밖에 없었다.

　며칠 뒤 어느 때처럼 사료를 챙겨 주러 갔는데 녀석의 얼굴에는 눈곱과 콧물이 눈에 띄게 묻어 있었다. 상태가 더 심각해진 게 분명했다. 하지만 수중에 돈이 없고 동물 병원에서도 치료를 거부당한 터라 녀석이 잘 이겨 내기만을 바랄 수밖에 없었다. 대신 녀석을 같이 챙겨 주던 언니들과 캣맘 아주머니께 이 사실을 알리고 잘 지켜보자고 말씀드렸다. 그날 오후 한 통의 전화를 받고 나는 동물 병원으로 정신없이 뛰어갔다. 수화기 너머로 깽깽이를 안락사시켜야 할 수도 있다는 말을 전해 들었기 때문이다. 언니들과 캣맘 아주머니가 얼굴은 눈곱과 콧물로 뒤덮여 있고 쌕쌕거리며 거친 숨을 몰아쉬는 녀석을 발견하고선 동물 병원으로 데려갔다고 했다. 하루가 다르게 악화되는 병이어서 증세가 급속히 나빠진 것이었다.

　문을 벌컥 열고 깽깽이를 찾으며 들어서니 간호사님이 나를 진정시키며 진료실로 안내해 주었다. 진료 테이블 위에서 힘겹게 숨을 쉬고 있는 깽깽이가 보였다. 수의사 선생님께서는 어린 고양이에게 치명적인 범백혈구 감소증이 많이 진행되어 시한부 상태라고 하셨다. 그러면서 조금이라도 고통이 덜할 때 보내 주는 것이 어떠냐고 하셨다. 나는 한참 동안 깽깽이를 안고 울었다. 정말 선택하고 싶지 않았지만, 병세가 악화될수록 고통도 더 심해진다고 하니 그대로 둘 수는 없었다. 우리는 안락사에 동의했고 깽깽이의 마지막 순간을 곁에서 지켜 주었다. 주삿바늘이 깽깽이의 몸에 꽂히기 직전까지 '이게 정말 최선이냐고, 멈춰 달라'고 말하고 싶었다. 하지만 내 욕심이라는 것을 알았기에 수의사와 간호사 선생님께 "얘 정말 예쁘죠?" 하고 말하며 녀석을 보내 주었다.

그렇게 깽깽이를 보내고 집으로 돌아온 나는 감당하기 어려운 슬픔이었지만 내색할 수 없었다. 가족들에게 캣맘 활동을 비밀로 했기 때문이다. 인생의 가장 큰 사건을 가족들과 함께 나눌 수 없었던 당시 내 상황이 안타깝기만 하다. 그때로 돌아가 그 열세 살 소녀를 위로해 주고 싶다.

초딩 캣맘으로 사는 법

푸딩이를 통해 길고양이들의 세계에 처음 발을 내딛었을 때까지만 해도 부모님이 고양이 사료를 사 주셨다. 그런데 새 사료를 사 달라는 요구가 거듭되자 '이제 할 만큼 했으니 그만할 때도 되지 않았느냐'며 거절하셨다. 몹시 당황스러웠다. 굶주린 채 나를 기다리고 있을 길고양이들을 생각하니 가슴이 아팠다. 지금이야 길고양이들을 챙겨 주는 사람들이 많아졌지만 당시만 하더라도 그렇지 않았다. 더구나 밥을 챙겨 줘야 할 길고양이들이 점점 늘어났기 때문에 나는 돈을 벌어야겠다고 결심했다.

초등학생 신분으로 돈을 번다는 건 정말 큰 도전이었다. 하지만 굶주리고 있을 고양이들을 생각하면 무엇이든 감행해야 했다. 다행히 나는 손재주가 좋은 편이었다. 엄마에게 배운 뜨개질이 매우 요긴하게 쓰였다. 나는 고양이나 강아지를 키우는 친구들에게 직접 뜨개질

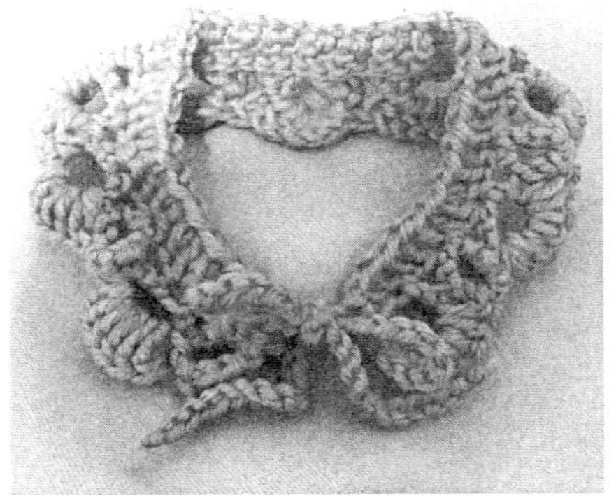

길고양이들의 사료값을 마련하기 위해 직접 뜨개질해 만든 보타이 등을 판매했다.

해서 만든 스카프나 보타이를 선물해 주곤 했다. 반응도 좋았던 터라 괜찮은 아이템이라는 생각이 들었다. 인터넷을 활용해 몇 가지 뜨개질 기술을 더 익히자 상품성도 한층 더 높아졌다. 용돈을 모아 털실과 소품을 구입한 나는 반려동물용 장난감과 보타이, 스카프 등을 만들어 팔기 시작했다.

당시 나는 SNS를 통해 유기 동물을 돌보고 반려동물을 키우는 사람들과 소통하고 있었다. 초등학생이 사료값을 벌기 위해 애쓰는 모습을 보고 도와주고 싶은 마음이 들었는지 많은 캣맘들이 구매해 주셨다. 자유롭게 쓸 수 있는 계좌가 없던 나는 친구의 통장을 빌려 물건 값을 입금받았다. 그렇게 번 돈으로 함께 활동하던 언니들이나 캣맘분들의 집으로 사료를 배송시켜 받곤 했다. 길고양이를 돌보는 걸 반대하시는 부모님께 알릴 수 없었기 때문이다. 지금 생각해 보면 조금 웃기기도 하고 대견하다는 생각도 든다. 한편으로는 초등학생이 굳이 그렇게까지 해야 했나 싶어 안타깝기도 하다.

하지만 부모님과의 갈등이 무척 심해 힘들었던 터라 어쩔 수 없었다. 부모님은 동물을 싫어하지는 않았지만 어린 딸이 길고양이를 돌보는 데 너무 열중하니 걱정이 되셨을 거다. 더구나 많은 사람들이 가지고 있는 길고양이에 대한 편견처럼 혹시 내가 병에 걸릴까 봐 염려되셨을 거다. 그래서 부모님도 강하게 반대하셨던 것 같다.

가방에 사료나 캔을 넣고 다니다 부모님께 들킬 때마다 크게 야단을 맞았다. 한번은 "너는 이런 식으로 돈을 버리는 거야. 어디까지 돈을 버리나 보자"라고 말씀하셨다. 나는 큰 상처를 입었고 적지 않은 우울감에 빠졌다. 나를 이해해 주지 못하는 부모님이 미워서가 아니라 캣맘 활동을 그만둘 수 없어 결국 좋은 딸이 되지 못한다는 죄책감 때문이었다. 그래서 매일매일 죄책감과 활동을 억압당하는 답답함을 느꼈던 것 같다. 다행히 지금은 부모님도 캣맘과 동물 보호 활동을 하는 나를 이해하고 지지해 주신다.

길고양이들에게 밥을 주는 걸 못마땅하게 보는 이웃들의 시선도 나를 힘들게 했다. 한 아저씨는 "고양이에게 밥을 주면 쥐를 안 잡아서 주변이 더러워진다"며 내 눈앞에서 사료를 치우셨다. 초등학생인 나는 어떤 저항도 할 수 없었다. 성인 남성에게 대항할 엄두를 못 냈고, 또 내 활동이 부모님 귀에 들어갈까 봐 늘 조마조마했기 때문이다. 그 아저씨가 나쁜 사람이라고 생각하지는 않는다. 단지 나와 생각이 같지 않았을 뿐이고 내게 설득할 용기가 부족했다. 한번은 아파트 관리사무소와 갈등이 발생한 적도 있다. 나는 길고양이와 유기 동물 커뮤니티 등에서 활발하게 활동했는데, 그곳에서 쥐약을 먹고 몸이 망가진 채 구조된 길고양이 이야기를 본 적이 있다. 그런데 우리 아파트에서 쥐약을 살포하겠다고 공문을 붙인 것이다. 나는 이 사실을 우리 아파트의 다른 캣맘들과 공유하고 내 SNS에도 올렸다. 함께 민원 전화를 넣자 관리사무소 측에서 수용해 주어 쥐약 살포를 막을 수 있었다. 쥐로 인한 전염병을 막고 위생을 위해 쥐약을 살포하곤 한다. 하지만 쥐약 전용 통에 넣어 살포하지 않으면 길고양이나 산책하던 강아지들이 섭취하는 사고가 발생하니 주의를 기울여야 한다.

유기 동물 보호소에서 만난 친구들

중학생이 된 후 캣맘 활동을 점점 줄여 나갔다. 캣맘과 캣대디들이 많아졌고 길고양이들 먹으라고 둔 사료를 버리는 사람들도 좀처럼 찾아볼 수 없을 만큼 사회 분위기도 달라졌기 때문이었다. 대신 소외된 동물들의 목소리에 관심이 생겨서 관련 단체에서 봉사 활동을 하곤 했다.

초등학교 때부터 인연을 맺고 지내는 '파랑새 유기묘 쉼터'가 있다. 내 생일날 종일 쉼터에서 보낸 적이 있을 정도로 애정이 많은 곳이다. 그렇다고 그곳에서 특별한 무언가를 하지는 않았다. 고양이들에게 간식을 먹이고 놀아 주는 정도였다. 오히려 인간에게 상처받은 고양이들이 쉼터에서 행복하게 생활하고 있는 모습을 보며 위안을 얻었던 것 같다. 동물과 인간이 행복하게 공존하는 세상을 엿볼 수 있었고 그래서 쉼터에서 보내는 시간들이 모두 뜻깊었다.

유기견들을 보호하고 입양도 보내는 '팅커벨 프로젝트'라는 단체에도 참여했다. 주로 유기견들을 산책시키곤 했는데 나에게는 일석이조의 봉사 활동이었다. 수업을 듣느라 실내에 앉아 있는 시간이 많은 나에게 산책은 좋은 운동 시간이 돼 주었다. 더구나 강아지들과 함께 야외에서 뛰어놀며 활기를 충전하고 스트레스도 해소할 수 있으니 얼마나 좋은가. 봉사 활동 시간 인증은 덤이었다. 그때 존스라는 이름의 웰시코기를 만났다. 녀석은 산책 도중에 점포를 보면 마구 돌진하곤 했다. 덩치도 크고 무거운 녀석을 안고 점포를 나와야 하는 당황스러운 상황이 종종 발생했다. 그런 녀석을 볼 때마다 봉사자들과 스태프들은 존스의 전 주인은 아마 점포를 운영하는 사람이었을 거라고 추측했다. 존스는 매우 활발하고 행복하게 생활하고 있는 것처럼 보였지만 사실 전 주인을 그리워하고 있었던 거였다. 유기견들과 발을 맞추어 걷다 보면 전 주인과 얼마나 많은 교감을 하고 지냈는지를 엿볼 수 있다. 유기견들에게 하나의 세상이었던 주인과의 이별은 곧 다른 세상에 적응해야 한다는 의미이다. 산책 하나도 서로 맞춰 가는 과정이니 말이다. 산책 봉사는 반려동물을 들일 때는 큰 책임감을 가져야 한다는 사실을 되새기는 계기가 되었다.

팅커벨 프로젝트에 갈 때면 항상 기분 좋은 아쉬움을 느끼곤 했다. 함께 산책하며 정을 붙인 강아지들을 더 이상 볼 수 없곤 했기 때문이다. 새로운 가족을 찾은 것이었다. 구매에서 입양으로 반려견 문화가 바뀌는 것을 느낄 수 있어서 기분이 좋았다. 그리고 기존 유기견들이 입양을 가야 위기에 처해 있는 동물들을 한 마리라도 더 구조할 수 있기도 하다.

동물 보호 기관들은 예산이 풍족하지 않다. 그래서 반려동물 박람회 등에 참여해 후원 물품을 판매하곤 한다. 앞서 언급한 파랑새 유기묘 쉼터의 자립적 생존법 중 하나도 후원 물품을 판매하는 것이었다. 박람회에 참여한 분들은 유기묘 쉼터에서 나왔다고 하면 작은 것 하나라도 더 사 주려고 했다. 또 자연스레 입양 상담까지 연결되기도 하는 기분 좋은 일이 많았다.

유기된 동물에 관심이 많아지면서 관련된 활동에 적극적으로 참여하고 싶었다. 그런데 많은 관련 단체와 보호소에서는 미성년자의 봉사 활동을 받지 않는다고 했다. 봉사 시간 인증만 생각하고 성의 없이

'파랑새 유기묘 쉼터'의 운영비를 마련하기 위해 반려동물 박람회에서
후원 물품을 판매하는 봉사 활동을 했다.

임하거나 동물에 대한 이해가 부족한 청소년들이 많았기 때문인 것 같았다. 어느 순간부터 연령 제한 등을 두며 성인 봉사자들만 받는 단체들이 늘어났다. 안전을 최우선으로 생각한 제약이면 어느 정도 수긍이 가지만 태도의 문제로 인해 봉사 활동 기회 자체를 박탈당하는 것이니 참 안타까웠다. 미성년자, 청소년의 이미지가 미숙하고 철이 없는 사람으로 굳어진 것 같아서 유감스럽다.

물론 이러한 이미지가 왜 만들어졌는지 이해할 수 있지만, 교육을 병행해서 해결하는 게 더 합리적인 방법인 것 같아 아쉬움이 크다. 다행히 내가 봉사 활동을 하고 있는 단체들처럼 여전히 청소년들에게 문을 열어 놓고 있는 단체들이 여럿 있다는 것에 위안을 삼는다.

나와 우리, 함께 동물권을 배우다

고등학교에 입학한 나는 '동물사랑'이라는 동아리를 조직했다. 혼자 하는 것보다 친구들과 함께하면 더 좋을 것 같아서였다. 비록 열 명 남짓 되는 동아리였지만, 우리는 모두 동물을 좋아했기 때문에 동물 관련 주제로 공부도 하고 파랑새 유기묘 쉼터 등으로 봉사도 다니며 즐겁게 활동했다.

동아리 활동을 하면서 가장 좋았던 점은, 내가 지금까지 느껴 온 우리나라 동물들의 실태나 동물 보호의 필요성에 대해 생각을 공유하고 함께 행동으로 실천할 수 있다는 것이다. 그리고 동아리를 통해서 안전하고 공개적으로 관련 활동을 할 수 있어서 참 좋았다.

2020년에도 친구들과 함께 즐겁고 활발하게 봉사 활동을 하기 위해 동물사랑 동아리를 다시 개설했다. 그런데 코로나19로 인해 등교 개학이 늦어져 우여곡절이 많았다. 동아리원 모집 기간이 너무 짧았고 몇몇 친구들이 이미 다른 동아리에 가입해 인원수를 채우는 데 애를 먹었다. 그래도 무사히 동아리를 개설했으니 올해도 보람차게 활동할 일만 남았다.

동아리를 개설하고 활동을 하다 보니 좀 더 깊이 있게 공부하고 싶어졌다. 동물권에 관심을 가지게 되었고 관련된 다양한 활동들을 하고 싶었다.

때마침 '동물권행동 카라KARA'에서 청소년 활동가 교육 프로그램에 참여할 청소년들을 모집하고 있었다. 운 좋게 '틴 카라TEEN KARA' 1기에 합류할 수 있었다. 틴 카라는 동물권 교육도 받고 함께 소통하고 참여하는 활동 프로그램이었다. 그 기간 동안 얼마나 즐거웠는지 왕복 3시간이 넘는 거리를 3일 동안 오갔지만 정말 행복했다. 학원이 끝나자마자 틴 카라에 가고, 또는 틴 카라를 마치고 학원으로 가야 해 피곤하고 힘들 법도 했지만 활동을 하는 시간만큼은 너무나 즐겁고 신이 났다.

사실 캣맘부터 봉사 활동, 시위, 후원 등 많은 활동들을 해 왔는데, 제대로 된 동물 관련 교육을 받아 본 것은 이때가 처음이었다. 인터넷 카페와 검색을 통해 공부를 해 왔지만 전문성은 부족했다. 그런 아쉬움을 카라의 전문가들과의 만남을 통해 채워 나갈 수 있었다. 동물의 권리를 옹호하는 사람으로서 당시 느끼고 배운 것이 많지만 크게 두 가지로 정리하면 이렇다.

동물권행동 카라의 '틴 카라' 프로그램에 참여해 동물권에 대해 배우고
공통 관심사를 가진 친구들과 소통할 수 있었다.

첫 번째는 해결되지 않은 우리나라의 동물복지 문제이다. 사람들이 위기에 처하면 경찰이나 소방서에 손쉽게 구조 요청을 할 수 있다. 하지만 위험에 처한 동물을 발견하면 참 곤란하다. 내 돈과 시간과 노력을 들여 해결할 수밖에 없고 이러한 여건이 갖추어 있지 않으면 해결 방법조차 없기 때문이다. 이런 상황에는 어떻게 대처해야 할지 동물 보호 단체도 명확한 해결 방법을 제시해 줄 수 없다는 것이 안타까웠다. 하지만 문제점을 확인한 만큼 개선해 나가야 할 방향도 분명해 당장은 씁쓸하지만 더 나은 미래를 기대할 수 있었다.

두 번째는 농장 동물에 대한 문제였다. 나 또한 개, 고양이와 같은 작은 반려동물에만 관심을 집중해 왔다. 도시에 살고 있어 대량으로 사육되는 농장 동물들을 주변에서 접하기 어렵다 보니 거기까지 생각하지 못했다. 당장 눈앞에서 벌어지는 일이 아니라는 이유로 인간과 자본의 욕망으로 인해 고통을 받고 있는 농장 동물들의 실태를 외면한 것 같아 속상했다. 그래서 나는 공장식 축산 문제를 탐구 보고서로 작성했고, 학교 동아리 활동에서도 공부 주제로 삼곤 했다. 틴 카라는 새롭게 알게 되고 느낀 것들이 많아 정말 유익한 프로그램이었다. 더불어 동물권 활동을 하는 또래들을 만날 수 있어서 참 반갑고 재미있었다.

동물들이 행복한 세상을 꿈꾸다

우리나라에서 한 해 동안 버려지는 동물들은 얼마나 될까? 무려 10만 마리나 된다. 정말 무책임한 일이고 같은 국민으로서 부끄럽고 화가 나는 일이다. 동물 구조 단체들이 공통적으로 하는 '구조해야 할 동물들은 너무 많고 여건은 부족하다'는 말에 공감할 수밖에 없다. 왜 이런 문제가 발생할까?

무책임하게 동물을 유기하는 사람들도 문제지만 쇼핑하듯 동물들을 구매할 수 있는 사회 시스템도 문제다. 또 유기되는 동물의 수와 비례하는 것이 바로 '강아지 공장' 같은 동물 번식 농장인데 제대로 관리되지 않고 있다. 그곳에서 수많은 어린 동물들이 생산되고 시장으로 팔려 나간다. '나는 한 생명을 책임질 여건과 자격이 되는가?' 우리가 반려동물을 들이기 전에 반드시 숙고해야 할 질문이다.

유기 동물들의 실상을 직접 보고 느끼는 과정은 정말 참담했다. 유기 동물 쉼터에서 만난 고양이와 강아지들 중 학대를 당한 친구들도 많았다. 안락사 직전이나 학대로 인해 치명상을 입은 상태에서 구조되는 등 극단적인 경우가 대다수였다. 더구나 한 마리가 입양 가기 무섭게 새로운 식구들이 들어왔다. 버려지고 위험에 처한 반려동물들이 얼마나 많은지 실감이 나 무서울 정도였다. 사람에게 상처 입고 버려졌건만 사람의 손길을 그리워하는 모습을 볼 때면 가슴이 아팠다. 맞아서 온몸의 뼈가 부러지고 불로 지져져서 전신에 화상을 입었어도 봉사자들에게 살갑게 구는 모습을 보면 사람을 원망할 줄 모르는 것 같아 오히려 안쓰러웠다. 고양이, 강아지와 같은 반려동물은 야생 동물들과 다르게 사람이 없으면 생활하기 어렵다. 우리가 그렇게 만든 것이니 그에 대한 책임을 질 줄도 알아야 한다. 구조한 동물들을 보면 항상 반려동물이 어떤 존재인지를 확인하고 인간의 책임과 의무를 상기하게 된다.

동물 학대와 유기 문제는 비단 동물들만의 문제일까? 나는 왜 동물들을 보호하고 그들의 권리를 옹호할까? 단순히 동물을 좋아하고 사랑해서? 지금까지 내가 경험하고 느끼고 공부한 내용을 정리하면 이렇다. 내 주관적인 생각이 반영되어 있어 납득하기 힘든 부분도 있겠지만, 한 번쯤은 생각해 보았으면 한다.

먼저 인간과 동물의 공존은 필연적이다. 지구에 태어난 이상 서로 상호 작용을 하면서 살아갈 수밖에 없다. 따라서 인간이 동물에게 영향을 주면 동물이 환경에 영향을 주고 그 환경이 결국 다시 인간에게 영향을 미치게 된다. 앞서 이야기한 농장 동물을 예로 들어 보자. 이른바 효율적인 축산을 위해 동물을 밀집 사육하며 분변도 대량 발생한다. 그것을 제대로 처리하지 않으면 수질 오염 등 환경 오염이 발생하게 된다. 또한 스트레스와 운동 부족으로 생기는 질병들을 치료하기 위해 약물을 남용하게 된다. 결국 항생제 고기를 생산하고 소비하는 것은 사람이다. 그로 인한 피해도 온전히 사람들의 몫이다.

동물 학대의 경우도 마찬가지이다. 동물을 학대하는 과정에서 폭력성과 생명 경시 풍조가 만들어진다. 이러한 환경에 노출되면 동물은 물론 인간들도 피해를 입게 된다. 실제로 미국 노스이스턴 대학의 연구 결과에 따르면, 살인범의 45%가 동물 학대 경험이 있었다고 한다. 또한 아동 추행범의 30%와 가정폭력범의 36%도 동물 학대 전적이 있었다. 두 범죄의 피해자가 아동과 여성, 즉 사회적 약자라는 점에서 동물을 향한 범죄는 인간과 약자를 향한 예비 범죄라고 볼 수 있다.

여성과 아동 같은 사회적 약자들의 권리가 신장되었을 때 비로소 더 나은 세상을 만들 수 있다는 것에 모두 동의할 것이다. 같은 맥락에서 동물들을 보호하고 그들의 권리가 신장되어야 사회적 약자들도 보호할 수 있다. 한마디로 동물이 행복한 세상에서 우리 인간은 더 나은 삶, 행복한 삶을 살 수 있다는 것이다.

좋은 걸 어떡해

누군가 나에게 가장 행복한 기억이 무엇이냐고 묻는다면, 망설임 없이 동물들과 함께한 순간들 중 하나를 고를 것이다. 반대로 인생에서 가장 힘들고 괴로웠던 순간을 묻는 질문에도 그 순간들 중 하나를 답할 것이다. 그래서 동물들과 항상 함께하고 싶다가도 그것을 직업으로 삼으면 행복할 수 있을지 깊은 고민에 빠지기도 한다.

나는 수의사가 되기를 희망하고 있다. 초등학교 고학년 때부터 동물과 관련된 일을 하고 싶었고 고심 끝에 수의사로 정했다. 처음에는 수의사만큼은 절대 되고 싶지 않았다. 아픈 동물을 치료하는 직업인 만큼 동물들의 괴로운 모습을 자주 봐야 하기 때문이었다. 종종 수술도 해야 할 텐데 그럴 자신이 없었다. 그런데 깽깽이의 죽음을 겪고 도움이 필요한 동물들을 만나도 막상 내가 할 수 있는 것이 없었고 그런 나의 무능함에 화가 났다. 그래서 동물들에게 가장 확실하고 필수적인 도움을 줄 수 있는 사람이 되고 싶어졌다. 아픈 동물들을 봐야 하는 게 마음이 아프지만, 내 성격상 직업과 상관없이 그런 동물들한테 자연스럽게 눈이 갈 것이다. 그럴 때마다 무능력하다며 스스로를 원망하고 싶지 않았다.

내가 수의사를 희망하는 이유가 하나 더 있다. 동물을 사랑하고 그들을 위한 일을 하기 위해서는 그만큼 잘 알고 있어야 해서다. 수의사는 어찌되었든 동물 전문가다. 물론 수의학적인 접근만으로 동물들을 다 이해할 수는 없다. 하지만 적어도 그들을 깊게 탐구해야 하는 직업이기에 동물에 대한 이해를 높일 수 있고 실질적인 도움도 줄 수 있을 것이다.

지금까지 내가 동물들과 함께하면서 겪은 일들을 특별하다고 여긴 적은 없다. 하지만 뒤돌아보니 참 다양한 경험을 했고, 외롭고 힘들었던 기억도 떠올라 안타깝기도 했다. 특히 미성년자의 신분으로 활동을 하다 보면 소수라는 점에서 쓸쓸하기도 하고 능력의 한계에 부딪혀 서럽기도 했으니까.

그 모든 경험 하나하나가 모여 지금의 내가 된 것 같다. 동물들을 위해 목소리를 내고 행동하지 않았다면 꿈을 찾아 가며 이만큼 성장할 수 없었을 것이다. 절망하지 않고 계속 이 길을 걸어오길 참 잘한 것 같다. 어린 시절의 나처럼 외로운 길을 걷는 이들이 있다면 그들의 손을 꼭 잡아 주고 싶다.

/

평화를 위해
싸우는
제주

/

'제2공항 반대'의 이유를 찾아 떠났던 5일

이규헌 javer656@gmail.com

2019년에 10년 동안 다녔던 볍씨학교를 졸업했습니다. 2016년에 학교 졸업 과정으로 제주도로 내려가서 4년 동안 살면서 제2공항과 난개발이란 것을 마주하게 되었습니다. 지금은 서울로 돌아와서 그때의 일들을 생각하며 어설픈 실력이지만 그림이나 글로 끄적이며 지내고 있습니다.

성산으로 무전여행을 떠나게 된 이유

제가 다닌 학교는 대안학교입니다. 학교에선 여러 사회 문제에 대해 정보를 알려 주고 서로 이야기할 기회를 만들어 주었습니다. 종종 집회가 열리면 친구들이나 학교 선후배들이랑 단체로 참석하기도 했습니다. 송전탑 건설 반대 투쟁을 하고 있는 밀양에 가서 농사를 도와드리기도 하고, 세월호 관련 행사에도 자주 참석했습니다.

저희 학교는 중학교 3학년이 되면 '독립'이란 키워드로 제주도에서 10개월 동안 기숙사 생활을 합니다. 중학교 과정까지 있는 저희 학교의 졸업 의례입니다. 제가 내려갔을 때는 2016년이었습니다. 제주도에 가서 다양한 사회 참여 활동을 하였고 그 과정에서 그 전에 몰랐던 제주4.3항쟁에 대해 알게 되고, 비정규직 문제와 성평등 같은 이슈에 대해서도 깊게 공부를 하게 됐습니다.

그러다 여름, 강정에서 열린 생명평화대행진에 참여하게 되었습니다. 생명평화대행진이란 매년 7월 마지막 주에서 8월 첫 주까지 강정에서부터 제주 시청까지 5박 6일 동안 걸어가며 강정 해군 기지 건설의 문제를 알리는 행사입니다. 강정 해군 기지 외에도 사드 배치, 쌍용자동차 해고 노동자, 세월호 참사 등 그때그때의 사회 문제에 대해서도 알립니다.

저는 2016년 8월 1일부터 6일까지 참석을 했고 그때 제주 제2공항 문제를 알게 되었습니다. 생명평화대행진 3일 차 때 강정에서부터 걸어서 성산에 도착했습니다. 그날 밤 작은 문화제가 열렸습니다. 그 문화제에 제2공항 반대 대책위 분들이 나와 발언을 하셨습니다. 주민과 상의 없이 공항을 짓겠다는 정부에 맞서 그동안 하셨던 일들을 말이죠. 그중 가장 기억에 남는 이야기가 있었습니다. 대책위 부위원장님은 원래 중장비 일을 하시던 분인데 공항 건설에 반대하며 정부에 따지러 갔을 때 그곳에서 일하던 한 공무원이 '당신도 포클레인으로 돈을 벌고 있지 않냐'라고 했다고 합니다. 부위원장님은 그 말을 듣고 결국 자신의 포클레인을 파셨습니다. 저는 제2공항을 반대하는 다른 어떤 말들보다 그 이야기가 유독 더 마음에 남았습니다. 직업을 포기하면서까지 반대하는 것은 그만큼 절실하다는 뜻으로 느껴졌기 때문입니다.

'단지 자신의 고향을 빼앗기기 때문일까? 아님 다른 이유가 있을까? 찬성하는 마을 주민들은 어떤 생각을 가지고 있을까?' 하는 궁금증이 생겼습니다. 그 궁금증은 꼬리에 꼬리를 물고 이어졌습니다. '나는 그동안 어떤 이유로 제2공항을 반대한다고 구호를 외쳤을까?' '왜 반대해야 한다고 생각했을까?' '학교에서 배운 것들을 맹목적으로 따른 것은 아니었을까?' 생각하자니 끝이 없었습니다. 내가 제2공항을 어떤 이유로 반대한다고 했는지, 반대하는 주민들은 왜 반대하는지, 찬성하는 주민들은 어떤 생각을 하는지 궁금해졌습니다. 그 이유를 찾겠다고 성산으로 5일 동안 무전여행을 떠나게 됐습니다. '여행을

2016년 어느 더운 여름 저는 5박6일 무전여행을 떠났습니다.

저는 성산에 있는 수산, 온평 신산, 난산리에 갔어요.

성산에는 제 2공항이 지어진답니다.

하면서 만난 사람들의 이야기를 알려드리고 싶다'라는 마음으로 글을 시작해 봅니다.

깨를 털던 도로변

제주도에서 제2공항에 대한 이야기가 본격적으로 오간 것은 2015년부터입니다. 공항 부지로 거론된 곳은 제주도의 동쪽 끝에 위치한 성산이었습니다. 제2공항을 추진하는 표면적인 이유는 제주에 오는 관광객들의 수가 증가하여 새로운 공항이 필요하다는 것이지만, 공군 기지를 만들기 위함이라는 의혹 역시 꾸준히 제기되었습니다.

공항을 만들기 위해서는 기존의 마을들을 없애고 오름을 깎아야 할 정도로 큰 땅을 필요로 합니다. 2016년, 무전여행을 떠날 당시 저는 제2공항 예정 부지로 정해진 곳이 정확히 어딘지를 잘 몰라서 수산, 온평, 신산, 난산 이렇게 네 곳의 마을을 찾아갔습니다.

처음으로 가게 된 곳은 수산리였습니다. 도로변으로 걸어서 수산리 근처에 도달하니 귤을 팔거나 귤 따기 체험을 할 수 있는 농원 같은 게 곳곳에 있었습니다. 한 농원 앞에서 삼춘 두 분이 깨를 털고 계셨습니다(제주도에서는 남녀 구분 없이 자신보다 나이가 많은 분들을 삼춘이라고 부릅니다). 깨 수확을 한 번도 해 본 적이 없어서 신기하기도 하고 우리 외할머니 생각도 나서 무작정 다가가서 일을 도와드리고 싶다고 얘기했습니다. 처음 보는 여자애가 느닷없이 같이 일을 해도

마을 주민분들은 공항을 반대하는 사람도 있고

오르는 땅값에 집,땅을 팔고 떠나는 이들도 있습니다.

양쪽 다 나쁘게 볼수 없어요. 떠나는 분들도 이유가 있겠죠.

되냐고 하면 당황할 법도 한데 삼춘들은 그냥 자연스럽게 받아 주셨습니다. 바람이 불 때 삼춘이 잡초 씨가 섞인 깨를 바가지로 퍼서 날리면 가벼운 잡초 씨는 멀리 날아가고 무거운 깨는 바로 밑에 떨어져 수북하게 쌓입니다. 그 모든 작업은 차가 지나다니는 도로변에서 진행이 됐습니다. 일을 하면서 쌩쌩 달리는 차들 때문에 생기는 바람에 바가지 같은 물건이 하나라도 도로로 날아가면 어쩌나 걱정이 되기도 했습니다. 물론 훗날 제주도에서 4년을 더 살다 보니 그러려니 하게 된 모습이었지만 그때 당시의 저에겐 달리는 차와 깨를 터시는 삼춘의 모습이 누군가 포토샵 프로그램으로 차가 없는 흙바닥에서 평화롭게 일을 하는 모습을 따서 도로변 사진에 붙인 것 같다고 느껴질 만큼 약간 이질적이었습니다. 아직까지는 제2공항의 그림자가 그 도로에 깔리지 않았지만 만약 제2공항이 생기게 되면 그때는 삼춘들의 모습이 지금보다도 더 이질적일 것 같다는 생각이 들었습니다.

깨를 터는 일을 도와드리고 전 다시 마을을 향해 걸어갔습니다. 마을에 도착한 후 잠자리를 부탁드리러 이 집 저 집을 돌아다니기 시작했습니다. 여러 곳에서 거절당하고 터덜터덜 걷는데 저를 멀리서 보고 계셨던 것인지 하얀 머리에 신비로운 분위기를 풍기는 어느 여자 삼춘이 저에게 한 집을 가리키며 "저 집에 할망 혼자 사니 저 집에 가봐"라고 말씀하셨습니다. 저는 곧바로 그 집에 가서 무전여행 중이라고 설명을 드리고 잠자리를 부탁했습니다. 그 집 삼춘은 흔쾌히 들어오라 하셨습니다. 저녁을 함께 먹으며 고향이 어딘지 가족은 몇 명인지 어쩌다 제주도로 오게 됐는지 등을 이야기하고 삼춘의 손주들 자

결사반대
제2공항 결사반대
사람들은 왜? 공항을 반대할까? 그게 궁금했습니다.
집을 뺏겨서?
농사할곳이 없어져서?
지나가다 만난 삼촌께 여쭤보고

랑을 듣다 보니 어느새 밤이 되었습니다. 밤이 되니 삼춘은 어디론가 나갈 듯이 움직이셨고 저에게 심심하면 같이 나가자고 권하셨습니다. 저는 삼춘과 같이 밖으로 나갔고 바로 집 앞 언덕에 있는 큰 나무 밑 정자로 향했습니다. 그 정자는 아침에 일을 나갔다 들어와서 해가 진 밤에 시원하게 밖에 나와 쉴 수 있는 쉼터이자 삼춘들의 수다의 장이 었습니다.

그곳엔 아침에 깨 터는 일을 같이 했던 삼춘도 계시고 저에게 잘 집을 소개시켜 준 삼춘도 계셨습니다. 일을 도와드렸던 삼춘은 저에게 잘 곳을 구해 다행이라고 말씀하시고 다른 삼춘들은 저를 재워 주신 삼춘께 "성님 오늘 손녀 생겼네~", "하늘에서 내려 준 거다" 하고 말하며 웃으셨습니다.

모기향을 피워 놓은 시원한 정자에서는 이야기가 끊이지 않고 이어졌습니다. 누구 집의 손녀가 드디어 팔렸다(결혼했다), 누구네 밭에 무엇을 심었더라 등의 시시콜콜한 이야기를 나누었습니다. 제주도 사투리를 잘 못 알아듣는 제가 가만히 있으니 어느 한 남자 삼춘이 통역사처럼 저에게 이야기를 전달해 주고 제 생각도 물어 주어서 편하고 재밌게 같이 이야기를 나누었습니다. 한밤중에 가로등도 많지 않아 어둡긴 했지만 크게 불편하지도 않고 좋았습니다. 덥지도 않고 춥지도 않은 밤은 어떠한 소음 없이 평화로웠습니다.

일하시는 삼촌들
이야기도
들어보고

하룻밤 재워 주신 삼촌께 여쭤 봤습니다.
삼촌
여기에 공항 지어진다는데
어떻게 생각하세요?
공항?

당연히
안 되지!

마을 사람들이 지키려 하는 것

수산리 마을 삼춘들이 지켜 왔던 것이 있습니다. 바로 초등학교입니다. 다음 날 마을을 좀 둘러보던 중 그늘에서 쉬고 계신 삼춘들을 만났습니다. 인사를 하니 어디서 왔는지 물어보기도 하시고 제주도 말도 조금씩 하니까 잘한다고 웃기도 하셨습니다. "여기 국민학교 가 봔?" 수산초등학교를 가 봤냐는 말씀에 마을을 둘러보다가 봤다고 이야기를 했더니 삼춘들은 "멋지지?"라고 자랑스러운 표정을 지으셨죠.

그곳 삼춘들껜 못 들었지만 훗날 이야기를 들어 보니 수산리에 학생들이 없어 학교가 폐교 위기였다고 합니다. 우리 엄마, 아빠 또래 어른들은 대부분 제주에 남기보단 육지로 가는 경우가 많습니다. 그러다 보니 어린아이들이 많이 없어 학생 수도 줄고 자연스럽게 학교가 더 이상 필요하지 않게 되는 일이 생긴 겁니다. 폐교하게 될 뻔한 수산초를 수산리 마을 삼춘들이 다시 일으켜 세우셨다고 합니다. 그래서인지 수산리에 걸린 몇몇 현수막에는 '마을 주민이 살린 학교를 또 죽인다'는 문구도 있었습니다.

수산초 옆에는 당이 있습니다. 당은 예전부터 그 마을에 좋지 않은 일이 생기면 찾아가서 별일 없기를 빌거나 제를 올리던 곳입니다. 아마 제2공항 건설 이야기가 나온 후에도 마을 주민들은 그곳에 가서 공항이 지어지지 않기를, 수산리에서 계속 살 수 있기를 빌었을지 모르겠습니다. 수산리에서 하룻밤을 머무르고 또 삼춘들과 이야기를 나누면서, 삼춘들이 지키려고 하는 것은 바로 학교와 당 그리고 집과

난 말이지
한라산

농사 지어서
자식들 줄 생각에
행복하고

어머니 저희왔어요
할머니
자식하고
손귀 기다리는 게
좋다 "

평화로운 밤이 아닐까 하는 생각이 들었습니다.

내가 일궈 온 땅, 내 자식들의 피난처

그 다음으로 향한 곳은 온평리입니다. 삼춘들의 이야기를 들을 수 있는 좋은 곳은 바로 삼춘들이 많이 모여 계시는 경로당입니다. 마을마다 경로당이 있습니다. 저는 전에도 온평 경로당 2층에 있는 작은 도서관에서 강의를 들은 적이 있었던지라 손쉽게 경로당까지 찾아갈 수 있었습니다. 경로당에서는 삼춘들이 화투를 치거나 텔레비전을 보고 계시기도 하고 안마 기계에 몸을 맡기고 계신 분들도 있었죠. 저는 그냥 화투 치시는 걸 구경하고 밥도 얻어먹으며 시간을 함께 보냈습니다. 삼춘들은 손주뻘 되는 애가 경로당에 오니 신기한 것인지 아님 가출 청소년쯤으로 생각하셨는지 이것저것 물어봅니다. '어디서 왔고 몇 살이냐' 등 말이죠. 온평리 노인회장님은 저에게 청춘이니 이것저것 해 보라고 덕담도 해 주십니다. 밭에서 수박 서리도 해 보고 바다에 가서 놀기도 하라고 말이죠.

그러고 나서 잠깐의 침묵이 이어지고 노인회장님이 신문을 꺼내 읽더니 혀를 차면서 내려놓으셨습니다. 뭔가 보니 제2공항에 대한 기사였습니다. 신문을 보는 저에게 노인회장님은 말씀하셨습니다. "10월 중순에 저 공항을 지실지 말지 결정이 날 거다." 그 당시 마을에 포클레인이 유난이 많이 왔다 갔다 했는데 그것도 전부 비행장이 설치될

그렇다.
남춘들은 그저

밤에는 정자에 모여 손주, 자식, 붙일 이야기를
하며 떠드는 것이 좋고,

자식들 언제 오나
하는 일은 잘되나
오면 뭐 해 줄까
남춘들은 그런 생각에 하루를
살아갑니다.

걸 생각해서 가져다 놓는 거라고 하셨습니다. 노인회장님은 온평에서 79년 동안 사셨는데, 이곳이 고향이라고 하셨습니다. 그 오랜 세월을 밭일을 하고 자식들을 키워 온 곳을 뺏기는 것이 싫어서 깃발과 현수막을 걸고 다닌다고 하셨습니다. 아마 그 마음은 다른 사람들도 마찬가지일 거란 생각이 들었습니다.

그리고 점점 날이 어둑해지고 저는 다시 잘 곳을 부탁드리러 돌아다녔습니다. 유독 다른 마을에 비해 구해지지 않고 날은 캄캄해지니 초조함과 두려움에 눈물이 터져서 엉엉 울면서 돌아다녔습니다. 그런 저를 밭일을 하고 돌아오던 어느 여자 삼춘이 보고 왜 우는지 이유를 묻더니 저를 달래며 집으로 데리고 가셨습니다. 저는 삼춘과 같이 밥도 먹고 거실에 이불을 깔고 누워서 텔레비전도 같이 봤습니다. 아침에 노인회장님의 말씀이 떠올라서 삼춘께 "공항이 지어진다 하는데 삼춘은 어떻게 생각하세요?"라고 조심스레 물어봤습니다. 삼춘은 당연히 안 된다고 화를 내셨습니다. 삼춘은 농사를 지어서 자식들 보내 줄 생각에 행복했고 이 집에서 자식, 손주 기다리는 것도 좋고 무엇보다 그 아이들이 돌아오고 쉴 수 있는 고향이기에 이곳에 공항을 짓는다는 건 절대 안 된다고 하셨습니다. 그 말을 하시는 삼춘은 제 눈에는 엄청나게 강한 사람처럼 보였습니다. 그 어떠한 장엄하고 논리적인 이유보다도 멋지고 따뜻한 이유였습니다.

저는 이사를 많이 다녔던지라 고향이랄 것이 없습니다. 추억이 이곳저곳에 많이 분산되어서 어딘가로 떠나야 된다는 것이 그리 슬픈 일이 아니었습니다. 그저 좀 번거로운 일에 불과했습니다. 하지만, 저

왜 꺼건 꼭 그곳일 필요는 없잖아. 라고 생각할 수 없어요. 굳이 성반월 필요는 없겠죠 하지만 그런 식으로 개발을 해 나가면 밤춘들은 어디에 살고 어디에 농사를 짓나요?

그렇게 저는 6일 동안 반대 대책위 위원장성도 만나고
공항는

경배삼촌도 만났어요

와 저희 부모님은 어딘가로 자주 떠나더라도 저희 외할머니는 집을
지키고 저희를 반갑게 맞이했던 것처럼 삼촌들도 마찬가지란 걸 느꼈
습니다. 그렇게 생각하니 마음이 울컥해졌습니다.

찬성하는 사람

마을을 돌아다니고 사람들을 만나다 보면 나와는 다른 생각을 가
진 사람들을 만나게 됩니다. 모든 사람들이 다 같은 상황을 맞이해도
그중에는 반대하는 사람도 있고 찬성하는 사람도 있습니다.

제2공항을 짓겠다는 계획이 나오는 동시에 보상금 같은 돈이 주어
지고 땅값도 올랐습니다. 원래부터 다른 곳에 살 계획이셨던 분들은
이때에 맞춰 나가기도 하고 땅을 팔진 않아도 마음으론 공항 건설을
찬성하는 사람도 있습니다. 저는 밀양 송전탑이라든지 강정 해군 기
지 건설 등을 반대해 왔고 자연스럽게 제2공항에 대해서도 반대하는
입장을 가지고 있어서 내 의견과 반대되는 사람들과 만나는 것을 두
려워했습니다. '무작정 나에게 언성을 높이고 자기 멋대로 자신의 주
장만이 맞다 생각하고 내게 강요할 거야!'라고 생각했기 때문입니다.
혹여나 싸우게 되지 않을까 무섭기도 했습니다.

무전여행을 계획하고 질문 리스트를 작성할 때 제2공항 건설에 찬
성하는 분들을 만날 때 어떻게 대처할까 하고 걱정이 되기도 했습
니다. 무전여행 중에 도로변을 걷다 만난 한 아저씨와 슈퍼 앞에서 만

여행을 마치고 돌아가
던날, 위원장님이
선물로
제 2롱항
ㅇㅇ기 라고
적힌 깃발을
주셨어요.
경배 삼촌은 무겁다고 검 되니 둠 가라 해겠지만!
그래도...
괜찮아요!
집으로 가는 날
노래를 부르며 갔어요.
선톨까지
걸어가기로 함
제 2롱항 ㅇㅇ기.

난 남자 삼춘, 이렇게 제2공항 건설에 찬성하는 두 분을 만났습니다. 하지만 그분들은 제가 생각했던 것처럼 저랑 의견이 다르다고 해서 제게 언성을 높이지도 않았고 자신의 주장만을 강요하지도 않으셨습니다. 도로변에서 만난 아저씨는 제2공항으로 인해 다수와 소수가 갈린다고 하셨습니다. 다수를 위해 소수인 우리가 땅을 내줄 수밖에 없고 자신은 싸움이 싫다고 하셨습니다. 그래서 때로는 물러서는 것도 방법이라고 말씀하셨습니다.

슈퍼 앞에서 만난 남자 삼춘은 "어쩔 수 없이 지어질 것이다. 우리 집에도 우리 과수원에도 이 마을에도 말이다"라고 하셨습니다. "성산에 짓지 않는다 하면, 마치 위미에서 강정으로 해군 기지 예정지가 바뀌었듯이 다른 마을에 지어지게 될 것이고 그게 쉬운 일이 아니니까 결국 화살은 다시 여기로 돌아오게 될 거야"라고 말씀하셨습니다. 그럼에도 그 삼춘은 어디로 안 가고 마을에 계속 사실 거라고 하셨습니다. 그 말씀을 하고 나서 삼춘은 저에게 공항에 대해 어떻게 생각하느냐고 물어보셨습니다. 저는 결국 피할 순 없겠지만 공항이 안 지어졌으면 좋겠다고 대답했습니다. 삼춘은 묵묵히 들어 주었고 "그럴 수 있으면, 그렇게 됐으면 좋겠다"라고 말씀하시며 대화를 끝냈습니다. 그 말에 쓸쓸함을 느꼈습니다.

이후에 여행을 하면서 이 두 분 말고 저와 다른 의견을 가진 분들을 마주친 적은 없었습니다. 그 두 분과 만난 경험으로 인해 제2공항에 찬성하는 사람들이랑 만나게 되면 부딪히고 싸우게 될 것이라고 생각했던 게 편견임을 깨달았습니다. 그분들이 돈만 밝히는 분들일

준우네 편의점
성산이네요
어디서 왔니?
아~ 그럼 성산에 사니?
아니요 선들 살아요
동네슈퍼 석촌이 말을 거쳤다.
꼬마야 내 공항을 빈거니?

거라고 생각했던 것도요. 물론 그런 사람도 있을 수 있지만 안 그런 사람들도 있음을 두 눈으로 보고 두 귀로 듣고 했으니까요.

여행의 끝

신산리, 난산리에서 반대 대책위 분들과 우연히 만나게 됐습니다. 그분들은 제2공항에 대해 알고 싶어서 성산에 찾아왔다고 설명을 해 드리니 기특하다고 하셨습니다. 위원장님은 저에게 들고 다니라고 "제2공항 OUT"이라고 쓰인 노란 깃발을 주셨고 부위원장님은 나무로 만든 옻에 "제2공항 반대!"라고 손수 새겨서 선물해 주셨습니다. 그렇게 같이 밥도 먹고 현수막도 함께 걸고 일도 도와드리며 시간을 보냈습니다.

그러다 무전여행 마지막 날이 찾아오고 저는 위원장님이 주신 깃발과 함께 학교로 돌아가기 위해 출발했습니다. 깃발을 들고 걸어가는데 어떤 마을 삼춘들이 제 깃발을 보고 제2공항에 찬성하는 사람인 줄 오해하고 "이 땅은 우리 거야!"라고 외치셨습니다. 저는 깜짝 놀라서 후다닥 자리를 피했습니다. 곧이어 "저거 제2공항 밑에 아웃이라고 쓰인 것 같은데?" 하는 말이 들렸습니다. 그땐 너무 깜짝 놀라서 몰랐지만 나중에 걸어가면서 생각해 보니 마을 삼춘들이 화를 내실 만큼 마을을 아낀다는 것을 느낄 수 있었습니다.

학교로 돌아가는 길은 제가 성산으로 향했던 길을 반대로 거슬

음~

전는 그동안 느꼈던 것을 다시 떠올려 봤어요

굉장이 지어지면

만약 여행을 가지 않았다면 대답 못 했을거에요

러 가는 것이었습니다. 사실은 더 빠른 길로 갈 수 있었지만 제가 왔던 길을 다시 걷고 싶었습니다. 지나왔던 길을 다시 걸어가면서 제 스스로가 달라진 것을 느꼈습니다. 성산을 향해 걸어갈 때의 저는 분명 불안함과 걱정으로 똘똘 뭉쳐 있었지만 학교로 돌아갈 때의 저는 당당해져 있었습니다.

걸어가다가 도로변에 있던 농원에서 깨를 함께 털었던 삼춘들께 여행을 잘 끝냈다고 인사드릴 겸 들렀습니다. 삼춘들은 가는 길에 먹으라고 두유를 쥐어 주시며 조심히 잘 돌아가고 고생 많았다고 해 주셨습니다. 울컥하는 마음과 함께 언젠가 꼭 다시 오겠다는 이야기를 하고 나왔습니다. 부디 3년이 지나고 5년이 지나고 10년이 지나도 제가 이번 여행 때 돌아다닌 길과 마을이 그대로 남아 있기를 속으로 계속 빌었던 것 같습니다. 저는 5일 동안 마을 사람들에게 많은 보살핌을 받았고 가르침을 받았습니다. 그 5일을 머릿속으로 다시 생각해 보니 마치 여름 방학 때 할머니 집에 갔다 온 기분이었습니다. 처음으로 평화롭게 밤에 정자에서 수다를 떨고 나이가 많은 할머니, 할아버지들과 나름 정치 이야기도 나눠 보고 제2공항에 찬성하는 사람들에 대한 제 편견이 깨지기도 했습니다.

학교로 돌아가던 중에 제가 들고 있던 깃발을 보신 아저씨가 편의점에서 나오더니 저에게 물어보셨습니다. "꼬마야 성산에서 왔니?" 저는 선흘에 사는데 무전여행으로 성산에 갔다 왔다고 대답했습니다. 아저씨는 저에게 힘들었겠다고 하며 물으셨습니다. "제2공항이 왜 안 지어졌으면 좋겠어? 반대하는 이유는 뭐니?" 따지는 듯한 말투가 아

조용하고 예쁜 마을 풍경이

어딘가 있을지 모르는 동굴이

공항이 지어지면 사라지잖아요.

닌 정말 궁금해서 물어보시는 것임을 느낄 수 있는 말투로 말이죠.

그동안 저에겐 정말 대답하기 어려운 질문이었습니다. 저는 제가 왜 반대하는지 정확하게 모르고 살았기 때문이죠. 그 이유를 찾고자 떠났던 무전여행을 통해 저는 아저씨의 질문에 대답을 할 수 있었어요.

"저는 지금의 성산 그대로가 좋아요. 그 많은 마을들이 사라지는 것도 싫고 그곳 사람들이 좋아서 공항을 반대해요" 하고 말이죠. 아저씨는 저에게 "그래 그것도 이유가 될 수 있겠구나" 하고 웃으며 "잘 가"라고 인사를 해 주셨습니다. 처음으로 누군가에게 "그냥 나쁜 거 잖아요" 하는 말 말고 진짜 제 생각을 말한 것 같아 기분이 오묘해졌습니다. 훗날 학교 선생님께 이때의 이야기를 말씀드리니 선생님은 제게 말씀하셨습니다. 작으면서 큰 저만의 이유가 다른 사람을 설득할 수 있는 말이 될 수도 있다고 말입니다.

거창한 이유가 아니어도 괜찮아요

저는 그동안 어떤 반대 활동이나 시위를 할 때 웅장하고 논리적인 이유가 있어야만 하고 그게 멋진 것이고 뜻깊은 것인 줄 알았습니다. 제 주변에서 청소년인권운동을 하는 친구들을 봐도 아는 것도 많고 그것을 기반으로 활발하게 활동을 합니다. 제가 봤던 어른들은 모두 깊은 생각과 논리적 이유로 이게 왜 문제인지 분석을 하고 타당성을 주장해 왔습니다.

저는요. 남촌들과 수다 떠는 것도 좋고요.
정당에서 삼촌들 화투치는 걸 구경하는 것도 재밌어요.
예휴
아싸 호리고!
오오 나이스!
몽이 없네 땅이 없대~
삼촌들이 좋아서
마을이 너무 좋아서 반대해요!

그렇게 앞서 나가는 사람들과 저를 비교하니 제가 별 생각 없어 보이고 가벼운 사람인 것 같아 저도 그들처럼 논리적이고 거창한 이유를 찾으려 했습니다. 성산으로 여행을 가는 길에서까지도요. 하지만 이번 여행을 통해 이유라는 것은 그저 날 움직이는 힘이고 거대하지 않아도 된다는 걸 깨달았습니다.

저는 차별적 발언이나 행위를 경험해 본 적도 없고 깊은 생각을 갖고 있지도 않고 논리적이지도 않습니다. 심지어 제2공항은 제주도에서 생기는 일인데 저는 제주 태생도 아니고 단지 잠시 선흘에 살았을 뿐입니다. 그럼에도 저는 제2공항 반대 집회에 나가고 피켓을 만들어 시위를 하고 만화를 그리거나 글을 쓰기도 하며 다른 사람에게 저는 제2공항을 반대하는 사람이라고 말을 합니다. 그 이유는 위에서 말했듯 저는 있는 그대로의 성산이 좋고 마을 사람들이 좋기 때문입니다. 이유라는 건 크든 작든 그저 날 움직이는 원동력이라고 생각하니 부담도 줄어들고 편안한 마음으로 활동을 할 수 있었습니다.

누군가는 저에게 "고작 그런 이유로?"라고 말할 수도 있습니다. 실제로 그런 이야기를 들어 본 적도 있습니다. 누군가 제게 "사회는 감정적인 이유로 바꿀 수 있는 게 아니야"라는 말을 하였고 저도 그건 알고 있습니다. 하지만 때로는 사람을 움직이는 힘이 공감이라 생각했습니다. 화라는 것은 때로는 법을 만들기도 하고 슬픔이란 것은 이젠 못 보는 사람들을 기억하게 만들기도 하니까요. 그처럼 저는 성산을 여행하면서 여러 감정을 느꼈고 제2공항을 반대하는 작은 이유가 생겼습니다. 작고 사소하지만 마음에서 우러나온 이유는 크고 거창한

그렇네
그것도
이유가
되겠군니다

논리보다도 제게 더 큰 힘을 가져다줬습니다.

　지금도 제주도에서는 제2공항 문제로 싸우고 있습니다. 성산뿐만이 아닙니다. 제2공항을 지은 후 공항으로 가는 도로를 확장하기 위해 비자림로의 나무를 뽑아내려 합니다. 습지보호구역인 동백동산에는 동물 테마파크를 짓겠다고 합니다. 더 많은 관광객을 유치하기 위해 새로운 공항을 짓고, 그 관광객들이 이용할 도로와 놀 곳이 필요하니 제주도를 점점 더 관광지화하는 악순환이 반복되는 것입니다.

　저는 2019년 초에 제주도를 떠나서 서울로 왔습니다. 지금은 제2공항에 반대하는 활동은 하지 못하고 있지만, 관련한 소식이 들릴 때마다 관심을 가지고 지켜보고 있습니다. 예전에는 사회 이슈에 대해서도 그다지 관심이 없고 제가 사는 서울 지역에 대한 관심도 없었는데 이제는 어떤 문제를 접하면 유심히 들여다보고 왜 문제인지 생각해 보게 되었습니다. 제주도에 자주 가지는 못하지만 제주를 사랑했던 만큼 무슨 일이 생기면 언제라도 비행기든 배든 탈 각오가 돼 있습니다. 점점 더 '관광의 섬'이 돼 가고 있는 제주가 '평화의 섬'이 되는 그날까지 뜻을 함께하고 응원하려고 합니다.

무전여행 첫날, 도로 반대편에서 봤던 깨를 털던 삼촌의 모습.
바쁜 차들 사이에서 여유롭게 깨 속에 섞인 잡초 씨를 바람에 날리는 걸
그림으로 표현해 보고 싶었다.

교육공동체 벗

교육공동체 벗은 협동조합을 모델로 하는 작은 지식공동체입니다.
협동조합은 공통의 목적을 가진 사람들이 모여서 만든
권력과 자본으로부터 독립된 경제조직입니다.
교육공동체 벗의 모든 사업은 조합원들이 내는 출자금과 조합비로 운영됩니다.
수익을 목적으로 하지 않기에 이윤을 좇기보다
조합원들의 삶과 성장에 필요한 일들과
교육운동에 보탬이 될 수 있는 사업들을 먼저 생각합니다.
정론직필의 교육전문지, 시류에 휩쓸리지 않는 정직한 책들,
함께 배우고 나누며 성장하는 배움 공간 등
우리 교육 현실에 필요한 것들을 우리 힘으로 만들고 함께 나누고 있습니다.

조합원 참여 안내

출자금(1구좌 일반 : 2만 원, 터잡기 : 50만 원)을 낸 후 조합비(월 1만 5천 원 이상)를
약정해 주시면 됩니다. 조합원으로 참여하시면 교육공동체 벗에서 내는 격월간 교육전
문지《오늘의 교육》과 조합통신을 받아 보실 수 있습니다. 출자금은 종잣돈으로 가입할
때 한 번만 내시면 됩니다. 조합을 탈퇴하거나 조합 해산 시 정관에 따라 반환합니다. 터
잡기 조합원은 벗의 터전을 함께 다지는 데 의미와 보람을 두며 권리와 의무에서 일반
조합원과 차이는 없습니다. 아래 홈페이지나 카페에서 조합 가입 신청서를 내려받아 작
성하신 후 메일이나 팩스로 보내 주세요.

홈페이지 communebut.com
카페 cafe.daum.net/communebut
이메일 communebut@hanmail.net
전화 02-332-0712
팩스 0505-115-0712

교육공동체 벗을 만드는 사람들

※하파타순

후쿠시마 미노리 황지영, 황정일, 황정원, 황이경, 황윤호성, 황봉희, 황기철, 황규선, 황고운, 홍정인, 홍용덕, 홍순성, 홍세화, 홍성구, 홍석근, 현복실, 현미열, 허효인, 허창수, 허윤영, 허성균, 허보영, 허기영, 허광영, 함점순, 함영기, 한학범, 한채민, 한지혜, 한은옥, 한영욱, 한소영, 한성찬, 한민혁, 한만중, 한낱, 한길수, 한경희, 하효정, 하주현, 하정호, 하인호, 하유나, 하승우, 하승수, 하순배, 탁동철, 최희성, 최현숙, 최현미, 최진규, 최주연, 최정윤, 최정아, 최은희, 최은정, 최은숙, 최은경, 최윤미, 최원례, 최영식, 최연희, 최연정, 최승훈, 최승복, 최선영, 최선경, 최봉선, 최보람, 최병우, 최미영, 최류미, 최대현, 최기호, 최광궁, 최경미, 최경련, 최강토, 채효정, 채종민, 채윤, 채옥엽, 채민정, 차종숙, 차용훈, 진현, 진주형, 진웅용, 진영준, 진냥, 지결순, 지수연, 주윤아, 주순영, 조희정, 조형식, 조현민, 조향미, 조해수, 조진희, 조지연, 조준혁, 조주원, 조정희, 조응현, 조윤성, 조원희, 조원배, 조용진, 조영현, 조영옥, 조영실, 조영선, 조여은, 조여경, 조성희, 조성실, 조성배, 조성대, 조석현, 조석영, 조문경, 조남규, 조경애, 조경아, 조경삼, 조경미, 제남모, 정희영, 정희선, 정홍윤, 정혜령, 정현진, 정현주, 정현숙, 정혜레나, 정태회, 정춘수, 정진영a, 정진영b, 정진규, 정종헌, 정종민, 정재학, 정이든, 정은희, 정은주, 정은균, 정유진a, 정유진b, 정유숙, 정유섭, 정원탁, 정원석, 정용주, 정예슬, 정영현, 정애순, 정수연, 정보라, 정민형, 정미숙a, 정미숙b, 정명옥, 정명영, 정득년, 정대수, 정남주, 정광호, 정광필, 정광일, 정관모, 정경원, 전혜원a, 전혜원b, 전준한, 전정희, 전유미, 전세련, 전병기, 전민기, 전미영, 전명훈, 전난희, 장홍월, 장현주, 장인하, 장은하, 장은미, 장윤영, 장원영, 장시준, 장상욱, 장병훈, 장병학, 장병순, 장근영, 장군, 장경훈, 임혜정, 임향신, 임한철, 임지영, 임중혁, 임종길, 임정은, 임전수, 임은우, 임수진, 임성빈, 임성무, 임선영, 임상진, 임민자, 임동헌, 임덕연, 이희옥, 이희연, 이효진, 이호진, 이혜정, 이혜린, 이현, 이혁규, 이형숙, 이한진, 이태영a, 이태영b, 이충근, 이진혜, 이진주, 이지현, 이지향, 이지영, 이지연, 이중석, 이주희, 이주영, 이종은, 이정희a, 이정희b, 이재형, 이재익, 이재영, 이재두, 이임순, 이인사, 이은희a, 이은희b, 이은향, 이은진, 이은주, 이은영, 이은숙, 이윤정, 이윤엽, 이윤승, 이윤선, 이윤미, 이윤경, 이유진a, 이유진b, 이월녀, 이원님, 이용환, 이용석, 이용기, 이영화, 이영혜, 이영주, 이영아, 이연진, 이연주, 이연숙, 이연수, 이승헌, 이승태, 이승아, 이슬기a, 이슬기b, 이수정a, 이수정b, 이스연, 이수미, 이성희, 이성호, 이성숙, 이성수, 이설희, 이선표, 이선영a, 이선영b, 이선애a, 이선애b, 이선미, 이상훈, 이상호, 이상직, 이상원, 이상우, 이상미, 이상대, 이병준, 이병곤, 이법희, 이민아, 이미옥, 이미숙, 이미라, 이문영, 이명훈, 이명형, 이동철, 이동준, 이덕주, 이남숙, 이난영, 이나경, 이기규, 이근희, 이근철, 이근영, 이광연, 이계삼, 이경화, 이경은, 이경옥, 이경언, 이경림, 이건진, 윤홍은, 윤지형, 윤종원, 윤우람, 윤영훈, 윤영백, 윤주진, 윤상혁, 윤병일, 윤규식, 유효성, 유재을, 유영길, 유수연, 유병준, 위양자, 원지영, 원윤희, 원성제, 우창숙, 우지영, 우완, 우수경, 오중근, 오정오, 오재홍, 오은정, 오은경, 오유진, 오수진, 오수민, 오세희, 오민식, 오명환, 오동석, 염정신, 여회영, 여태전, 엄창호, 엄지선, 엄재홍, 엄기호, 엽기옥, 양해준, 양지선, 양은주, 양은숙, 양영희, 양애정, 양선형, 양서영, 양상진, 안효빈, 안찬원, 안지현, 안지윤, 안준철, 안정선, 안용덕, 안옥수, 안영신, 안영빈a, 안영빈b, 안순억, 심항일, 심은보, 심승희, 심수환, 심동우, 심경일, 신혜선, 신충일, 신창호, 신창복, 신중휘, 신중식, 신은정, 신은경, 신유준, 신소희, 신미옥, 송호영, 송혜란, 송한별, 송정은, 송인혜, 송용석, 송승훈, 송명숙, 송근희, 손현아, 손진근, 손정란, 손은경, 손성연, 손민정, 손미승, 소수영, 성현석, 성유진, 성용혜, 성열관, 설은주, 설원민, 선휘성, 선미라, 석옥자, 석경순, 서혜진, 서태성, 서지연, 서정오, 서인선, 서이슬, 서은지, 서우철, 서예원, 서명숙, 서강선, 상형규, 변현숙, 백현희, 백영호, 백승범, 배희철, 배주영, 배정현, 배정원, 배이상헌, 배영진, 배아영, 배경내, 방득일, 방경내, 반영진, 박희진, 박희영, 박효정, 박효수, 박환조, 박혜숙, 박혜린, 박형진, 박형일, 박현희, 박현숙, 박춘애, 박춘배, 박철호, 박진환, 박진현, 박진수, 박진교, 박지희, 박지홍, 박지혜, 박지인, 박지원, 박중구, 박정아, 박정미a, 박경미b, 박재선, 박은하, 박은아, 박은경, 박용빈, 박옥주, 박옥균, 박영실, 박연지, 박신자, 박숙현, 박수진, 박세영a, 박세영b, 박성규, 박복선, 박미희, 박명진, 박명숙, 박동혁, 박도정, 박도영, 박덕수, 박대성, 박노해, 박내현, 박나실, 박고형준, 박경화, 박경이, 박건형, 박건진, 민병성, 문용석, 문영주, 문순옥, 문수현, 문수영, 문수경, 문성철, 문명숙, 문덕순, 문경희, 모은정, 마승희, 류형우, 류창모, 류정희, 류재향, 류우종, 류명숙, 류경원, 도정철, 도방주, 데와 타카유키, 노영현, 노상경, 노경기, 남효숙, 남정민, 남윤희, 남유경, 남원호, 남예린, 남미자, 남궁역, 나규환, 김희정, 김희옥, 김홍규, 김훈태, 김환희, 김홍규, 김혜영, 김혜림, 김형렬, 김현진a, 김현진b, 김현주a, 김현주b, 김현영, 김현실, 김현경, 김헌택, 김필임, 김태훈, 김태원, 김천영, 김찬우, 김찬영, 김진희, 김진숙, 김진명, 김진, 김지훈, 김지운, 김지연a, 김지연b, 김지안, 김지미a, 김지미b, 김지광, 김중미, 김준연, 김주영, 김종현, 김종진, 김종원, 김종욱, 김종성, 김종선, 김정희, 김정주, 김정은, 김정식, 김정삼, 김재황, 김재민, 김인순, 김이은, 김이민경, 김은파, 김은영, 김은아, 김은식, 김은숙, 김윤주, 김윤우, 김원예, 김원석, 김우희, 김우영, 김우, 김용훈, 김용양, 김용만, 김요한, 김영희, 김영진a, 김영진b, 김영진c, 김영주a, 김영주b, 김영아, 김영삼, 김연정a, 김연정b, 김연일, 김연오, 김연미, 김애숙, 김아현, 김순천, 김수현, 김수진a, 김수진b, 김수정a, 김수정b, 김수연, 김수경, 김소희, 김소혜, 김소영, 김세호, 김성탁, 김성진, 김성숙, 김성보, 김선희, 김선철, 김선우, 김선미, 김선구, 김석규, 김서화, 김상희, 김상정, 김봉석, 김보현, 김병희, 김병훈, 김병기, 김범주, 김민희, 김민선, 김민곤, 김민결, 김미향, 김미진, 김미숙, 김미선, 김문옥, 김무영, 김묘선, 김명희, 김명섭, 김동현, 김동춘, 김동일, 김동원, 김도석, 김다희, 김다영, 김남철, 김나혜, 김기웅, 김기언, 김규태, 김광민, 김고종호, 김경일, 김경미, 김가연, 기세라, 금현진, 금현옥, 금명순, 권혜영, 권혁천, 권태운, 권자영, 권용해, 권미지, 국찬석, 구자혜, 구자숙, 구원회, 구완회, 구수연, 구본희, 구미숙, 괭이눈, 광흠, 곽혜영, 곽현주, 곽진경, 곽노현, 곽노근, 곽경훈, 공현, 공영아, 고춘식, 고진선, 고은미, 고윤정, 고영주, 고영실, 고병헌, 고병연, 고민경, 강화정, 강현주, 강현정, 강한아, 강태식, 강준희, 강인성, 강이진, 강은영, 강윤진, 강영일, 강영구, 강순원, 강수미, 강수돌, 강성규, 강석도, 강서형, 강경모

※ 2022년 7월 25일 기준 762명